中外文稀有版本文献

《工资、价格和利润》

⑦

工资、价格
和利润

【德】卡尔·马克思◎著
谢唯真◎校订

中央编译出版社
CCTP Central Compilation & Translation Press

《工资、价格和利润》的出版与传播

（代序）

一　国外主要版本和传播情况

《工资、价格和利润》最初是马克思于1865年6月20日和27日在国际工人协会中央委员会会议上用英语作的报告。目前保存下来的报告稿是马克思的手稿，没有标题，开头写有："1865年6月20日星期二向中央委员会宣读"，全文由作者分为十四节。1898年，报告由马克思的女儿爱琳娜·马克思-艾威林以《工资、价格和利润》为标题在伦敦发表，并附有爱琳娜的丈夫爱德华·艾威林写的序言。在序言中，他将这部著作称为《资本论》第1卷的浓缩版，并且当时该文的德文版翻译已经完成。其中，引言和前六节在手稿中没有标题，出版时所用的标题是由爱琳娜加上的。

自1859年马克思的第一部经济学研究著作《政治经济学批判》发表以来，马克思虽然潜心进行经济学研究多年，写下了大量的经济学研究手稿，其中包括《1857—1858年经济学手稿》《1863—1864年经济学手稿》等大量内容丰富的经济学研究成果，并且持续进行《资本论》的创作，但是在1859年之后，马克思并没有公开发表其经济学研究成果。而且即使在演讲之后，为了避免与即将出版的《资本论》重复，虽然有人建议马克思发表演讲稿，但在马克思有生之年并没有发表这篇讲稿。所以，1865年的演讲，马克思公开地、简明地宣讲自己的经济学研究成果，是公众得以一窥马克思经济学思想的一个难得机会。《工资、价格和利润》的首次发表是在马克思去世之后，也是在《资本论》第1卷出版之后，但是这篇报告的发表，一方面让读者，特别是普通百姓通过通俗易懂的形式了解马克思的经济学思想，具有大众传播的意义；另一方面，这篇演讲稿是马克思经济学研究进程中的一个过程，还没有达到《资本论》的成熟程度，马克思的经济学思想还在进步中，所以这篇演讲稿也是理解马克思经济学思想形成史的一个活的里程碑，通过对比研究，可以发现马克思经济学思想的进展路径，具有重要的学术意义。此后，《工资、价格和利润》德文版、法文版、俄文版等相继问世，极大地推动了该著作在世界各地的出版和传播。

二　国内主要版本及其传播情况

《工资、价格和利润》这部著作是马克思于1865年6月直接针对国际会员韦斯顿的错误观点在国际工人协会总委员会会议上用英文作的报告，是马克思的重要政治经济学著作之一。马克思在这部著作里扼要而通俗地叙述了他的经济学说的原理，揭示了剩余价值的实质。马克思的这部著作很早就传入中国，出现多个译本，反复再版。

（一）单行本译本

1. 1922年上海商务印书馆出版了由李季译、陶孟和校的该著作的中译本，书名为《价值、价格和利润》，是这部著作第一次在中国发行单行本全译本，为当时先进的中国人学习和研究马克思主义政治经济学提供了最早的资料。

2. 1929年上海泰东书局出版了朱应祺、朱应会的中译本，书名为《工资价格及利润》，定价五角。该书采用竖版繁体字印刷。在书前的“译者小引”中，译者写道：“本书是马克斯一八六五年六月二十六日在国际劳动总务委员会席上的一篇演说文章。当时马氏不过五十岁，距今约六十余年，两年后，即一八六七年《资本论》第 1 卷也已出版，所以他的经济学体系那时已就成熟了。这书原稿是英文的，是马克斯死后所发现的遗稿，不是他生前出版的。编订分节都是马克斯的幼女伊利诺（Elernor Marx Aveling）及他的女婿爱底瓦得（Edward Aveling）两人的功夫。英文原本标题为《价值价格及利润》（*Value Price and Profit*）。德文本子是本斯泰因（Bernstein）所翻译的，标题为 *Lohn Preis und Profit*，本丛书现依德国译本翻译，因此，就题为《工资价格及利润》。说到本书的内容，总可算是马克斯经济学的骨子，又可说是《资本论》的缩略。页数虽少，而《资本论》上的重要问题大概都已涉及。尤其《资本论》第 1 卷与第 3 卷的主要部分，更简明地叙述出来。又剩余价值学说史上所讨论的许多问题也于本书的第八章及第十一章中，明白解释。所以研究马克斯经济学的人不可不读《资本论》，而研究《资本论》的人不可不先把这本小册子反复熟读，所以我们把它译出，作为马克斯研究丛书的第四种。"① 这里提到的《马克斯研究丛书》指 20 世纪 30 年代泰东书局出版的一套马克思研究学术的著作，其中包括《马克斯的经济概念》《马克斯的民族、社会及国家概念》《马克思的伦理概念》《马克斯的工资劳动与资本》和《马克斯的国家发展过程》等书，较早地向中国介绍和传播了马克思的著作和思想。

朱应祺翻译的《工资价格及利润》于 1949 年由世界文化出版社再版。

3. 王学文、何锡麟译本，系根据英文本译出，书名为《价值、价格和利润》，全书 44000 字。该译本最早收于 1939 年出版的《政治经济学论丛》一书中，单行本最早于 1946 年由生活书店出版，新中国成立后的第一版 1950 年 2 月由三联书店（上海）出版，1953 年 12 月由人民出版社仍以三联书店名义出版（平装，0. 22 元）。该版本多次再版重印，各版之间有细微差别。

---

① 马克斯：《工资价格及利润》，朱应祺、朱应会译，上海：上海泰东图书局出版 1929 年版，第 1 页。

4. 中央编译局翻译的单行本。由中央编译局翻译、人民出版社出版的单行本《工资、价格和利润》是按照《马克思恩格斯全集》中文版第 16 卷中所载译文排印的，后有注释 20 条（一版 4 次后改为 19 条），全书共四万三千字。本书初版于 1964 年 4 月，第 1—3 次印刷（平装，0.19 元）时均未署译者名。1965 年 1 月另出精装本（0.68 元）。1971 年 11 月第一版第 4 次印刷时开始署名，至 1975 年 10 月为第一版第 7 次印刷（平装，0.17 元）。另外，本书于 1964 年 6 月及 1971 年 12 月曾两次出版过 16 开大字本。

（二）被收录著作集

1.《马克思恩格斯全集》第一版第 16 卷第 111 页至 169 页，收录了《工资、价格和利润》。该版《工资、价格和利润》从俄文翻译过来，题页注明“原文是英文，俄文是按手稿译的”。主要是根据《马克思恩格斯全集》俄文版第二版第 16 卷（1960 年出版）翻译和校订的，并参考了《马克思恩格斯文选》（两卷集）中文版的有关译文。在这一篇的题注中标明：“这部著作是卡·马克思于 1865 年 6 月 20 日在总委员会会议上用英语作的报告。这篇报告是由委员会委员约翰·韦斯顿 5 月 2 日和 23 日的发言引起的；韦斯顿在发言中企图证明，货币工资水平的普遍提高对工人没有好处，并由此做出工会‘有害’的结论。保存下来的报告稿是马克思的手稿。报告由马克思的女儿爱琳娜以‘价值、价格和利润’（*Value*, *Price and Profit*）为题于 1898 年首次在伦敦发表，并附有 E.艾威林写的序。手稿中引言和前 6 节没有标题，由艾威林加上了标题。在收入本卷时，除了总标题以外，这些小标题都保留下来了。”①

2.《马克思恩格斯全集》第二版第 21 卷第 155 页至 212 页收录了《工资、价格和利润》。这一中文版本根据《马克思恩格斯全集》1992

① 《马克思恩格斯全集》第 16 卷，北京：人民出版社 1964 年版，第 733 页。

年历史考证版第一部分第20卷进行翻译，原文是英文，于1898年以小册子形式在伦敦出版。在题注中标明："这是马克思于1865年6月20和27日在国际工人协会中央委员会会议上用英文作的报告。中央委员会委员约·韦斯顿在5月2和23日的发言中企图证明，货币工资水平的普遍提高对工人没有好处，并由此做出工会'有害'的结论。马克思遂于1865年5月20日—6月24日写成这篇报告，报告中不仅揭穿了商品价格取决于工资水平这一虚假理论，而且阐明了马克思主义政治经济学的许多关键问题。保存下来的报告稿是马克思的手稿，没有标题，开头写着：'1865年6月20日星期二向总委员会宣读'。全文由作者用阿拉伯数字分为十四节。这篇报告在马克思生前没有出版过。因为他担心发表这篇报告，会过早地挪用他当时正在紧张写作的《资本论》中的一些重要原理。1898年，报告由马克思的女儿爱琳娜以《价值、价格和利润》为题首次在伦敦发表，并附有爱·艾威林写的序。引言和前六节在手稿中是没有标题的，由艾威林加上了标题。在本卷中，除了总标题以外，这些小标题都保留下来了。这篇报告的德译文发表在1898年《新时代》第6年第2册，由伯恩斯坦翻译的德译文用的标题是《工资、价格和利润》。"①

3.《马克思恩格斯文集》第3卷第25页至78页收录了《工资、价格和利润》，这个版本是根据《马克思恩格斯全集》历史考证版第一部分第20卷并参考《马克思恩格斯全集》德文版第16卷翻译，原文于1898年以小册子的形式在伦敦出版。这一版本的题注内容更加丰富："《工资、价格和利润》是马克思的一部重要的政治经济学论著。马克思在这部著作中扼要而通俗地阐述了《资本论》中一些重要原理，说明了剩余价值的形成过程和工资的实质，揭示了资本家对工人进行剥削的秘密。他指出，资本家的本质是追求最大限度的利润，工人阶级必须不断为提高工资和缩短工作日而斗争，才能对资本家的贪欲有所抑制，

① 《马克思恩格斯全集》第21卷，北京：人民出版社2003年版，第634页。

才能防止自己的地位不断恶化。在深刻论证工人阶级开展经济斗争的必要性和重要性的同时，马克思也指出了经济斗争的局限性，强调要把经济斗争和政治斗争结合起来。他指出，单纯的经济斗争反对的只是结果，而不是产生这种结果的原因，工人‘应当摒弃做一天公平的工作，得一天公平的工资！这种保守的格言，要在自己的旗帜上写上革命的口号：消灭雇佣劳动制度！’。本文是马克思于 1865 年 6 月 20 日和 27 日在国际工人协会中央委员会会议上用英语作的报告。中央委员会约·韦斯顿在 5 月 2 日和 23 日的发言中企图证明，货币工资水平的普遍提高对工人没有好处。马克思于 1865 年 5 月 20 日—6 月 24 日写成这篇报告稿，批驳了这个错误观点。目前保存下来的报告稿是马克思的手稿，没有标题，开头写有：‘1865 年 6 月 20 日星期二向中央委员会宣读。’全文由作者分为十四节。1898 年，报告由马克思的女儿爱·马克思-艾威林以《价值、价格和利润》为标题在伦敦发表，并附有爱·艾威林写的序言。引言和前六节在手稿中没有标题，由艾威林加上了标题。本卷除总标题以外，保留了这些小标题。这篇报告的德译文发表在 1897—1898 年《新时代》第 16 年卷第 2 册，译者是爱·伯恩斯坦，采用的标题是《工资、价格和利润》。1922 年上海商务印书馆出版了由李季译、陶孟和校的该著作的中译本，书名为《价值价格和利润》；1929 年上海泰东书局出版了朱应祺、朱应会的中译本，书名为《工资、价格和利润》；1939 年延安解放社出版的王学文、何锡麟、王石巍翻译的《政治经济学论丛》收有这篇著作的中译文。”①

（本文来自 2017 年中央编译出版社出版的史清竹所著《马克思〈工资、价格和利润〉研究读本》有关内容。）

① 《马克思恩格斯文集》第 3 卷，北京：人民出版社 2009 年版，第 629 页。

目　录

卡·馬克思著

工資、價格和利潤*

[幾點預先的說明]

公民諸君！

在未講到本題之前，請允許我作幾點預先的說明。

現今歐洲大陸上到處流行着眞正時疫般的罷工運動，而增加工資的要求已成爲普遍性的要求了。這個問題將要在我們的大會上提出討論。你們是國際協會的首腦，對於這個極重要的問題應當具有確定的見解。因此，我認爲我應該把這個問題澈底分析一番，卽令這會使諸位的耐心受到嚴重考驗，也是在所不懼的。

我要預先說明的第二點，是關於威斯頓君的。他認爲他作得有利於工人階級，不僅在諸位面前說明了他分明知道是極不受工人階級歡迎的觀點，而且公開辯護了這些觀點[1]。他所表現的這種道義勇敢精神，是我們每個人都應深致敬意的。雖然我這篇報告措詞激烈，但我希望在這報告終結時，威斯頓君就會發覺到，我同意據我看來是構成其論綱基礎的那個正確思想，不過他的論綱就其現有的形式來講，我認爲理論上是不正確和實際上是危險的。

我現在就直接講到我們所注意的問題。

[1]英國工人威斯頓在國際工人協會總委員會上辯護了一個論綱，其內容是說提高工資不能改善工人狀況，所以工聯活動應該認爲是有害的事情。——編者註。

★ 本内容来自莫斯科外国文书籍出版局出版的《马克思恩格斯文选》一书。

(一)[生產與工資]

威斯頓君所持的論據，實際上是基於兩個前提：

第一，國民生產品總額是一種不變的東西，是一個不變量，或是——像數學家所要說的那樣——一個不變數；

第二，實際工資總量，即依可能用以購得的那些商品數量來測定的工資總量，是一個一成不變的量，是一個不變數。

可是，他的前一論斷，顯然是錯誤的。你們可以看到，生產品的價值和總額總是逐年增加，國民勞動生產力總是逐年擴大，而用以流通這種日益增加的生產品所必需的貨幣數量則不斷地發生變化。凡是就全年總共計算或就各年相互比較說來正確的估計，對一年以內每天平均說來也是正確的。國民生產品總額或數量總是不斷地發生變化。這不是一個不變數，而是一個可變數，並且它——即令把人口數方面的變更除開不說，——單祇由於資本積累和勞動生產力方面的不斷變更，也必然是一個可變數。如果一旦發生了一般工資水平的提高，那末，這種提高本身，無論其後果如何，決不會直接引起生產品總額的變化，這點是完全對的。這種提高最初會是根據當時的現實情況出發。但是，如果說在工資提高之前，國民生產品是一個可變數而不是一個不變數，那末在工資提高之後，它仍是一個可變數而不是一個不變數。

但是，就假定國民生產品總額不是一個可變數，而是一個不變數吧。在這種情況下，我們的朋友威斯頓認作邏輯結論的東西，仍然是一種武斷。如果我們有一個假定為八的定數，那末這個數的絕對限界並不妨礙它的各部分改變其相對限界。如果利潤為六，工資為二，則工資可以增加至六，利潤可以減少至二，而總數仍然是八。因此，生產品總額不變的事實，無論如何也不能證明工資總額也是不變的。那末，我們的朋友威斯頓究竟怎樣證明工資總額是一成不變的呢？他祇不過簡單斷定說是如此罷了。

但是，假令說他這個論斷是個正確的論斷，那末這個論斷就應當在兩方面都能適用，然而威斯頓君却只是使這個論斷適用於一方面。如果工資總額是一個不變數，那末，它就既不能增加，也不能減少。因此，如果說工人爭取暫時增加工資是作得不合理，那末資本家爭取暫時降低工資也是作得不合理了。我們的朋友威斯頓並不否認，工人在一定的情况下能夠迫使資本家提高工資；但是，由於他覺得工資總額是一個天然規定的量，所以在他看來，工資增加之後，接着就必然要來一個反動。但是，另一方面，他又知道資本家能夠勉強實行降低工資，並且資本家確實是經常企圖做到這點。依照工資總額不變的原則，在這種場合，亦如在前一場合那樣，也是接着就必然要來一個反動。因此，工人對降低工資的企圖或對事實上已把工資降低的現象進行反抗，是作得正確的。所以，他們力求提高工資，也是作得正確的，因爲任何一種反抗降低工資的行動都是一種爭取提高工資的行動。因此，依照威斯頓君自己提出的工資不變的原理，工人在某種情形下也是應當聯合起來，爲提高工資而鬥爭。

如果威斯頓君否認這個結論，他就必須放棄這個結論所由以產生的那個前提。在這種情况下，他就不應該說工資額是一個不變數，而應該說工資額雖不可能並且不應該提高，但却可能並且應該在資本想要把它減低時就降低下去。當資本家願意不是用肉而是用馬鈴薯，不是用小麥而是用燕麥來養活你們時，那你們也必須把它的意志看作政治經濟學的法則而唯命是聽了。如果一國的工資水平高於另一國，例如在美國比在英國高，那末，你們就應當以美國資本家和英國資本家心願的不同來解釋這種工資水平的不同。這種方法當然不僅會使研究經濟現象的工作，而且使研究其他一切現象的工作都極其簡易化的了。

但是，甚至在這種情况下，我們也可以問：爲什麽美國資本家的心願不同於英國資本家的心願呢？爲要回答這個問題，我們就得離開心願的範圍。牧師可以說：上帝願意法國是這樣，而願意英國是那樣。如果我要求他向我說明爲什麽有這種願望的兩重性，他會居然厚顏無恥地回答說，上帝願意在法國有一種願望，在英國有另一種願望。但是，我們的朋友威斯頓，當然不會去採取這種完全否定一切合理推論的論據。

誠然，資本家是願意抓取得儘可能多。但是，我們的任務不是要討論他的心願，而是要研究他的能力，研究這種能力的限界以及這種限界的性質。

（二）［生產、工資與利潤］

威斯頓君向我們所做的報告，其內容少得可以裝進一顆核桃殼裏去。

他的全部推論都是歸結如下：如果工人階級強迫資本家以貨幣工資形式付給他的是五先令，不是四先令，那末，資本家以商品形式歸還工人的就是價值四先令的東西，不是價值五先令的東西。在這種情形下，工人階級在工資增加之前用四先令所能買到的東西，現在就不得不用五先令去買了。但是，怎麽會發生這種情形呢？爲什麽資本家賣價值四先令的商品時索取五先令呢？因爲工資額是固定的。但是爲什麽工資額是由價值四先令的商品來決定呢？它爲什麽不是由價值三或二先令，或其他數目的商品來決定呢？如果工資額的限度是由一種既不依資本家的意志又不依工人的意志爲轉移的經濟法則來決定，那末，威斯頓君就應當首先陳述這一法則，並且證明這一法則。其次，他還應當證明，在每一定的時期內實際上所支付的工資總額，總是完全符合於必要的工資總額而無所出入的。另一方面，如果工資額的一定限度只是取決於資本家的意志或其貪慾的限度，那末，這種限度就是隨意的，並沒包含有什麽必要性，它們可以依照資本家的意志而改變，因而也可以違反着他的意志而改變了。

威斯頓君以如下一個例子來說明他的理論。他說，如果一個盆裏盛着一定量的湯，供給一定數量的人來分食，那末，這定量的湯是決不會因湯匙子容量增大而增多起來的。請威斯頓君不要因我覺得他這個例子頗爲庸俗[1]而見怪吧。這個例子頗使我想起美納姆斯•亞格里巴所用過的一個比喻。當羅馬平民起來反對羅馬貴族時，貴族亞格里巴告訴他們說，貴族的肚子養活國家軀體上的平民的四肢。但是，亞格里巴沒能證明用食物塡滿一個人的肚子可以養活另一個人的四肢。威斯頓君也忘記了，工人所由以取湯來喝的湯盆裏盛的是國民勞動的全部生產品，而使得他們不能從湯盆中取出較多的湯來喝的不是由於湯盆容量的狹小，也不是由於湯盆裏所盛東西的微少，只是由於他們的湯匙子太小了。

資本家是利用什麽詭計來把價値四先令的東西賣五先令的呢？就是用抬高他所出賣商品價格的辦法。但是，商品價格的提高或者——更廣泛些說——商品價格的變動，以及商品價格本身，是否僅僅取決於資本家的意志呢？或者相反，爲了實現這個意志，就需要有一定的條件呢？如果不需要這種條件，那末市場價格的漲落及其不斷的變動，就成爲一個不可解答的啞謎了。

既然我們假定說，無論在勞動生產力中，無論在所使用的資本和勞動的數量中，亦無論在藉以估計生產品價値的貨幣價値中，都沒有發生任何變化，而發生了變化的只是工資水平，那末這種工資的提高怎樣能夠影響到商品的價格呢？它影響到商品的價格，僅僅是因爲它影響着這些商品的提供和需求間的實際對比關係。

工人階級，就其全體來說，把自己的收入耗費在並且不得不耗費在購買日用必需品上，這完全是正確的。所以工資水平的普遍提高，通常總要引起對日用必需品需求的普遍提高，因而就引起日用必需品市場價格的提高。對於生產這些必需品的資本家說來，他們

[1]原文中無法翻譯的雙關語：spoon——匙子和笨漢，spoony——癡愚的、庸俗的。——編者註。

所支付工資的提高，是由他們出賣商品市場價格的提高來補償的。但是對於不生產日用必需品的資本家說來，情形又是怎樣呢？不要以爲這種資本家的人數很少。你們如果注意到國民生產品的三分之二是由五分之一的人口所消費，——而有一個下院議員不久前甚至斷言這部分生產品只是由七分之一的人口所消費，——那末你們就會知道，國民生產品中該有何等巨大的一部分要生產成爲奢侈品或用以交換奢侈品，該有何等大量的日用必需品是浪費在豢養僕役、馬匹、猫等等上面；我們憑經驗知道，這種浪費在日用必需品價格提高時總是要大大受到限制的。

那末，不生產日用必需品的那些資本家所處的境況究竟會是怎樣呢？他們決不能用抬高自己商品價格的辦法來補償因普遍增加工資而引起的利潤率下降，因爲對這些商品的需求不會增加起來。他們的收入會減少下去，並且他們還不免要從這種業已減少的收入中支付更多的錢去買漲價了的同樣數量的日用必需品。 但還不止如此。由於他們收入的減少，他們就不得不縮減用於奢侈品的支出，因此他們彼此間對於他們自己商品的需求也要縮減下去。由於需求額這樣縮減的結果，他們所出產的商品的價格就要降低。所以在這些工業部門中的利潤率的下降，不單祇是由於工資普遍提高的影響，而且是由於工資普遍提高，必需品價格上升和奢侈品價格下降的共同作用的影響。

那末，投在各項不同工業部門中的資本，其利潤率上這種差別的後果又將是怎樣呢？ 當然，其後果也將是與各個生產部門中的平均利潤率因某種原因而產生差別時的後果一樣。資本和勞動就會從獲利較少的部門轉移到獲利較多的部門中去，而資本和勞動的這種轉移過程，一直要繼續到一個工業部門中的提供額增加到符合於需求額的增長，而其他工業部門中的提供額縮減到符合於需求額的縮減時，才會停止下來。經過這種變化之後，在各個不同的生產部門中通常又會形成一般的利潤率。既然所有這種轉移的發生，只是起因於各種商品的需求額和提供額對比關係的變動，那末，當這個原因一旦消失之後，則這個原因所發生的作用就會停止下去，價格就要回復到原來的水平和平衡狀態。因提高工資而引起的利潤率的下降，決不會局限於單個工業部門，而會成爲一種普遍的現象。依照我們的假設，勞動生產力沒有變化，生產品總額也沒有變化，而有所變化的是該種生產品總量的形態。較大一部分生產品是呈着日用必需品的形態，而較小一部分則是呈着奢侈品的形態：或者——實際上結果還是那樣——較小一部分生產品用以交換外國奢侈品並以其原來的形態用於消費；或者——實際上結果也還是那樣——較大一部分本國生產品不是用去交換外國奢侈品而是用去交換外國日用必需品。因此，工資水平的普遍提高在市場價格暫時混亂之後只會引起利潤率的普遍下降，不會引起商品價格稍許長期的變動。

如果有人說我在上述論據中是從假定全部工資增加數都用於日用必需品這點出發，那我就會回答說，我所作出的這個假定最有利於威斯頓君所持的觀點。如果工資增加數是花費在從前不屬於工人消費範圍的物品上面，那末，工人購買力的實際提高就會無需乎證明了。可是，既然他們購買力在本場合的提高僅僅是由於工資增加的結果，那末，這種提高的限度就應當恰巧符合於資本家購買力降低的限度了。因此，對於商品的一般需求範圍不會增加，而可能有所變更的是這種需求額的各個構成部分。一方需求額的增加是會由另一方需求額的減少來抵銷的。既然需求總額因此仍舊不變，那末商品的市場價格也不會有任何的變動。

這樣，我們所談到的問題就可分成如下兩方面來解決：或者是工資增加數均等耗費於一切消費品，於是工人階級方面需求額的擴大就要由資本家階級方面需求額的縮小來抵償；或者是工資增加數只耗費於某幾種物品上，因而使這幾種物品的市場價格暫時增漲起來，於是由此引起的某些工業部門中利潤率的上升，以及與之相應的其他某些工業部門中利潤率的下降，就會引起資本和勞動分配上的變化，這種變化必將繼續下去，直到一個工業部門中的提供額增加得相當於增長了的需求額，而另一工業部門的提供額低降得相當於減少了的需求額時爲止。

在前一假設下，商品的價格不會發生任何變動；在後一假設下，商品交換價値經過市場價格的某些變動之後，又會降低到原先的水平。在前後兩種假設下，工資水平的普遍提高，除了引起利潤率的普遍下降之外，終究不會引起其他任何的後果。

威斯頓君爲了要把你們的想像力刺激一下，就奉勸你們想一想英國農業工人的工資一般從九先令增加到十八先令時所應引起的種種困難。他高喊道，你們試想一想日用必需品需求額大量增加以及日用必需品價格隨之驚人提高的情景吧。但是，你們都知道，美國農業工人的平均工資比英國農業工人的平均工資多一倍以上，雖則美國農產品的價格比英國低，雖則美國勞動與資本間的一般關係是和英國一樣，雖則美國生產品的年產量遠較英國爲少。我們的朋友爲什麼要撞警鐘呢？是爲了要迴避眞正擺在我們面前的問題。假如工資忽然從九先令增到了十八先令，那這就是說工資忽然增加了百分之百。可是，我們現在並不是討論英國工資一般水平能否突然提高百分之百的問題。我們根本用不着談論工資提高的數額，因爲在每一個實際的場合，工資提高程度的數額都是應以具體情況爲轉移並且應與這種情況相適應。我們只是要研究如下一個問題，卽工資水平普遍的提高，甚至在不超過百分之一的場合，也會產生什麼後果的問題。

總之，我把我們的朋友威斯頓荒唐假定工資提高百分之百的說法撇開不談，而請你們注意到英國一八四九至一八五九年時期內確實有過的工資提高情形。

你們都知道，英國在一八四八年間頒佈了十小時工作日法令，或更正確點說，十小時半工作日法令。這是我們親自看見過的極大經濟改革之一。頒佈這一法令，就是表示並非在某些地方性企業中，而是在英國賴以統治世界市場的主要工業部門中突然和強制實行提高工資。這是在特別不順利的情況下提高工資。正式代表資產階級利益的尤爾博士、西尼爾教授以及其他一切的經濟學者，都曾證明說——而我應該指出，他們證明這點時所用的論據比我們的朋友威斯頓所用的論據是更有理由得多了——這一法令是爲英國工業敲喪鐘。他們證明說，這裏的問題不在於工資的簡單的增加，而在於由使用勞動量的減少所引起，並且以這種減少爲基礎的工資的增加。他們斷言，人們想從資本家手裏奪去的第十二小時，就正是資本家賴以獲得利潤的唯一小時。他們危言聳聽，說這會使積累減少，價格提高，市場喪失，生產縮小，從而就會引起工資更加降低，即引起最後破產。他們甚至聲稱，羅伯斯庇爾的最大限度法令[1]與這個法令比較起來也渺不足道，並且他們在某種意義上確實說得有理。但是，結果怎樣呢？ 結果是：工廠工人——雖然他們的工作日已經縮短——所領的貨幣工資提高了；工廠中的在業工人數目大大增加了；工廠產品價格不斷地降低了；工廠工人勞動生產力驚人地發展了；工廠產品銷售市場空前地、日益加增地擴大了。一八六〇年在曼徹斯特科學促進會的會議上，我曾親耳聽見過紐曼先生承認說，他本人、尤爾博士、西尼爾以及其他一切正式經濟學者都弄錯了，而人民的本能乃是正確的。我所說的不是弗楞西斯·紐曼教授，而是威廉·紐曼先生[2]，他在經濟學上佔有一個重要位置，因爲他担任過屠克先生所著物價史一書撰稿工作和出版責任，該書乃是一部追溯了從一七九三至一八五六年時期物價歷史的傑出著作。 如果我們的朋友威斯頓所持的種種頑固觀

[1] 最大限度法令是法國資產階級革命時期由雅可賓黨人的『康文特』於一七九三年頒佈的。這法令上規定了固定的最高物價和最大限度的工資額。——編者註。

[2] 此處是馬克思的筆誤：馬克思所提到的經濟學家不是姓紐曼，而是姓紐瑪奇。——編者註。

念[1]，如關於所謂工資總額不變，所謂生產品總額不變，所謂勞動生產力水平不變，所謂資本家統治意志不變等頑固觀念，以及他的其餘各種一成不變的觀念都是正確的話，那末西尼爾教授的悽慘的預言就會是正確的，而歐文的說法却是不正確的了，歐文早在一八一六年便已宣佈說，普遍限制工作日是解放工人階級的第一個準備步驟，並且他不惜違反着一般人的成見，獨自在自己開辦於紐拉拿克的棉織工廠裏眞正實行了這種限制工作日的辦法。

在十小時制法令頒佈實行而引起工資提高的時候，大不列顛農業工人的工資，也由於某些不必在此列舉的原因而有過普遍的提高。

為了使你們不致發生誤會，我要在這裏預先說明幾句，雖然我這樣作對於我的直接目的是沒有什麽必要的。

如果一個人每星期領到的工資是兩先令，以後他的工資却已提高到四先令了，那末工資水平就算是提高了百分之百。若從工資水平提高的觀點來看工資的這種提高，那末這種提高就好像是很巨大的，但工資的實際數額——每星期四先令——仍然是極其微小而不能糊口的一種施捨。所以你們決不要為說來好聽的工資水平提高的百分率所眩惑。你們總是必須這樣問：原來的工資數額又是怎樣呢？

其次，也不難了解，如果十個工人每星期各得兩先令，五個工人每星期各得五先令，還有五個工人每星期各得十一先令，那末這二十個人每星期總共收入一百先令或五鎊。如果以後他們每星期的工資總數有了增加，假定為百分之二十，那末總共就從五鎊提高到六鎊了。就平均數來看，可以說這工資的總的水平已經增加了百分之二十，儘管實際上其中十個工人的工資並沒有變動，一組五個人的工資每人從五先令增到了六先令，另一組五個人的工資總額則從五十五先令增到了七十先令。 其中有半數工人的狀況絲毫也沒

[1] 原文中無法翻譯的雙關語：頑固觀念——fixed ideas，不變——fixed。——編者註。

有改善，有四分之一工人的狀況改善得極其微小，只有其餘的四分之一才眞正是得到了改善。然而，如果以平均數字來說，那末這二十個工人的工資總額就增加了百分之二十，同時旣然問題是涉及到僱傭這些工人的全部資本以及他們所生產商品的價格，所以這裏的情形，也就完全是和在工資的平均提高數同等涉及到全數工人的場合一樣。關於上面所談的那些農業工人的例子，由於他們的工資水平在英格蘭和蘇格蘭各州中極不相同，所以工資的提高對他們所發生的影響也是很不平衡的。

末了，就是在這次工資提高的時期中，有若干因素，如像對俄戰爭所引起的新的稅負，農村工人住宅的大批毀壞等等，曾起過相反的作用。

作了這些預先說明之後，現在我就舉出大不列顛農業工人工資平均水平從一八四九年至一八五九年時期約提高了百分之四十這一事實作爲論點。爲了證明這點，我可以舉出很多的詳細材料，但是按我面前的目的，我認爲只須請你們去看看已故的莫爾頓先生一八六〇年在倫敦藝術協會宣講的那篇題爲『用在農業中的力量』的帶批判性的誠實報告，也就夠了。莫爾頓先生所引用的材料，都是他從蘇格蘭十二個州和英格蘭三十五個州內大約一百個農場主的賬簿中和其他眞實文據中搜集來的。

依照我們朋友威斯頓的意見，特別是如果注意到一八四九至一八五九年間工廠工人工資同時提高的情形，農產品的價格應該是有驚人的提高了。但實際情形又是怎樣呢？雖然有對俄戰爭的發生和一八五四至一八五六年間接連幾度的歉收，但英國主要農產品卽小麥的平均價格在一八三八至一八四八年間是每一夸脫約爲三鎊，而在一八四九至一八五九年間則已降至每一夸脫約爲二鎊十先令了。這就是說，農業工人工資平均提高了百分之四十，同時小麥價格却降低了百分之十六以上。在同一時期中，如果把它的末期和它的初期比較一下，卽把一八五九年和一八四九年比較一下，則正式登記

25—1966

過的貧窮人口已從九十三萬四千四百一十九人減至八十六萬零四百七十人，卽減少了七萬三千九百四十九人。我承認，減少的數目確實是很小的，並且這種減少在以後幾年中又化爲烏有了，但無論如何總是減少了。

人們可以說，由於取消了穀物條例，英國由一八四九至一八五九年時期從國外輸入的穀物，比一八三八至一八四八年時期增加了一倍以上。但結果怎樣呢？如果從威斯頓君的觀點出發，那末國外市場上突然發生的這種巨大的和不斷增長着的需求，一定是會使農產品價格大大提高的了，因爲這種增長的需求，無論它是發生在國外或國內，其影響都是相同的。但實際的情形又是怎樣呢？法國除了幾個歉收的年份外，在這個時期中經常有人抱怨穀物價格跌落得招致破產，美國人則不得不屢次將他們多餘的農產品焚燬，而俄國，如果相信烏爾卡爾特先生的話，則鼓勵了美國的國內戰爭，因爲美國人的競爭破壞了俄國農產品向歐洲市場的出口貿易。

如果把威斯頓君的論據歸結於它的抽象形式，那它就是說：需求額的任何提高，都是在一定的生產品總量基礎上發生的。所以需求額的提高永遠也不能增加所需商品的提供額，而只能提高這些商品的貨幣價格。可是，甚至最普通的觀察也可以表明出，需求額的提高在某些場合完全不會改變商品的市場價格，在另一些場合也只會引起市場價格的一時的提高，接着就會有提供額的增加。這種提供額的增加，結果又要引起價格重新降低到原先的水平，而在某些場合還會降低到原先的水平以下。至於需求額的提高是由於工資的增加或是由於其他什麼原因，這是絲毫不能使問題有所改變的。從威斯頓君的觀點來看，這個一般的現象，也如那些在特別情況下，卽在提高工資的情況下所發生的現象一樣，都是無法解釋的。所以，他的論據，在我們所討論的問題上，絲毫也不能證明出什麼東西。這種論據只是表明出，威斯頓君弄不清那些使得需求額的提高只會引起提供額增加，而不會引起市場價格最終提高的法則。

（三）［工資與貨幣］

在討論的第二天，我們的朋友威斯頓已把自己的舊論斷套上了新的形式。他說：在貨幣工資普遍提高的情形下，爲要支付同一數量的工資，需要有更多的現金。如果流通中的貨幣的數量是固定不變的，那又怎能用這種固定不變的流通的貨幣數量去支付增加了的貨幣工資呢？以前的困難是：雖然工人貨幣工資增加了，而工人所能得到的商品數量仍未變動；現在的困難是：雖然商品數量沒有變動，而貨幣工資却增加了。不用說，如果你們不承認威斯頓君原先的敎條，那末由此產生的困難也就消滅了。

雖然如此，可是我要向大家指出，這個貨幣流通問題和我們現在所研究的問題是沒有一點關係的。

在你們的國家裏，支付機構比在歐洲任何國家裏都要完善得多。由於有了廣泛的和集中的銀行系統，爲了週轉同樣數目的價值或簽訂同樣的或更大的契約所需要的貨幣就少得多了。例如工資的情形就是這樣：英國工廠工人每星期把自己的工錢付給商店老闆，商店老闆每星期把這些錢送交銀行家，銀行家每星期把這些錢交還給工廠主，工廠主再把這些錢付給自己的工人，如此循環不已。由於有這樣的機構，一個工人每年假定爲五十二鎊的工資，只要用一個每星期照樣週轉一次的金鎊，便足夠支付了。這種機構甚至在英格蘭也不如在蘇格蘭那樣完善；但它並不是到處一樣完善的，所以我們看到，例如有些農業區域和純工業區域比較起來，爲了週轉一個少得多的價值額就需要有多得多的現金。

你們如果渡過海峽，就可看到，歐陸上的貨幣工資水平比英國的低得多，然而，在德國、意大利、瑞士和法國，這工資却是用大得多的貨幣額去流通的。在那裏，每一個金鎊都不能那樣快地爲銀行家取得，或那樣快地回到工業資本家的手中，所以，如果在英國只需要一個金鎊就可以在一年內流通五十二鎊的話，那末，在歐陸上，

25*

爲了在一年內流通二十五鎊的貨幣工資，也許就需要三個金鎊了。因此，若是把歐陸各國和英國比較，你們立刻就可以看出，低額的貨幣工資爲要流通，可能比高額的貨幣工資需要更多的現金，這在實際上純粹是個技術問題，和我們所考察的問題完全沒有關係。

據我所知道的一切優良的統計，英國工人階級每年的收入可以估計爲二億五千萬鎊。這個龐大的數目，大約是用三百萬鎊來流通的。假定工資增加了百分之五十，則用來流通這筆工資的貨幣已不是三百萬鎊，而是四百五十萬鎊了。既然工人每日開支有很大一部分用的是銀幣和銅幣，即普通的鑄幣（這些鑄幣對於金子的相對的價値，和不兌換的紙幣一樣，是由法律任意規定的），所以貨幣工資提高百分之五十，就至多也只需要一百萬金鎊的補充貨幣加入流通。於是，以金條或鑄幣形式積藏在英國銀行或私人銀行家錢庫裏的一百萬鎊，就會加入流通。然而，因鑄造這一百萬補充鑄幣或因其在流通中的損耗所引起的一些細微費用，也可以節省，而這些費用在因流通手段缺乏引起某些困難時確實是節省下來的。你們都知道英國的流通貨幣分爲兩大類：一類是各種銀行劵，在商人彼此進行交易時以及在消費者與商人彼此進行相當大的支付時都加以採用。另一類爲金屬貨幣，在零售貿易中流通。這兩種流通貨幣雖然種類不同，但它們都是交相錯綜的。例如，甚至在比較大宗的支付中，使用金幣來支付五鎊以下的零數是極爲廣泛的。如果明天發行四鎊、三鎊、或二鎊的銀行劵，那末充滿這些流通路徑的金幣即刻就要被排擠，並流到那些因貨幣工資增加而需要它們的地方去。所以因貨幣工資增加百分之五十所需的一百萬補充額，無須再加一金鎊也可以取得了。增加一種期票流通而不另發銀行劵也可達到同樣的效果，例如在蘭開夏就把這方法實行了很久。

如果工資水平普遍的提高——如像威斯頓君對於農業工人工資所假設的那樣增加百分之百——會引起日用必需品價格大漲，並且依照威斯頓君的見解，需要有一筆無法得到的補充貨幣額，那末，工資普遍的下降，就會要在同樣的程度上——不過是在相反的方向上——引起同樣的後果。好極了！你們都知道，一八五八至一八六〇年時期是棉織工業最興盛的時期，尤以一八六〇年在這方面是商業史上空前未有的一年，並且其他一切工業部門在這時期也是最為興盛的。棉織工業工人以及與其有關的一切其他部門工人的工資，在一八六〇年都達到了過去所未有的高度。但是美國危機一發生後，這些工人的工資忽然降到約相當於以前數目的四分之一。　如變動方向是相反的，那這就是增加了百分之三百。　如果工資是從五漲至二十，我們便說工資增加了百分之三百；如果工資是從二十降至五，我們便說工資減少了百分之七十五。但是在某一場合增加的數目和在另一場合減少的數目是相同的，卽為十五先令。所以，這乃是工資水平的一種突然的、從未有過的變動，如果我們不僅計算那些直接在棉織工業中作工的工人，而且還計算那些間接依靠於棉織工業的工人，那末這種變動所牽涉到的工人數目，就要比農業工人數目多二分之一。但小麥的價格降低了沒有呢？沒有，它已由一八五八至一八六〇年三年中的每一夸脫每年平均賣四十七先令八辨士提高到一八六一至一八六三年三年中每一夸脫每年平均賣五十五先令十辨士了。至於說到貨幣的流通，那末一八六一年造幣廠所鑄的幣額數為八、六七三、二三二鎊，而一八六〇年所鑄的只有三、三七八、一〇二鎊。換句話說，一八六一年所鑄的鑄幣比一八六〇年所鑄的多五、二九五、一三〇鎊。　誠然，一八六一年流通的銀行券比一八六〇年少了一、三一九、〇〇〇鎊。但我們減去這個數目來看，一八六一年所用的流通貨幣和一八六〇年這個興盛的年度相比較，仍然要多出三、九七六、一三〇鎊，卽約多四百萬鎊；而英格蘭銀行所儲存的金子在這個時期却有縮減，雖然不是在同樣大的比例上，但却是在近似的比例上縮減了。

現在把一八六二年和一八四二年比較一下。一八六二年在英格蘭和威爾斯，除了流通中的商品的價值和數額有極大的增加以外，單是用於按期支付股票、債劵等以及用於有價鐵路證劵的一項資本即達三億二千萬鎊，這個數目如在一八四二年間是會令人難以置信的。雖然如此，一八六二年和一八四二年流通中的貨幣總額還是幾乎相等的。並且你們一般可以看出，當不僅是商品價値，而且一般貨幣交易價値都在大量增加的時候，流通的貨幣額數却有着逐步縮減的趨勢。要是依我們朋友威斯頓的觀點來看，這便是一個不可解答的啞謎了。

如果威斯頓君對問題作了較爲深刻的考察，他就會要發現出：卽使將工資完全撇開不談，並假定工資是固定不變的話，流通中的商品價値和額數以及一般貨幣交易的總數，都是每天變化的；所發行的銀行劵的數量是每天變化的；不以貨幣作媒介而專藉期票、支票、登賬信用借欵和銀行淸算所實現的支付欵項總額是每天變化的；由於需要實在的金屬流通手段，市面上流通的鑄幣與儲存的或蘊藏在銀行倉庫中的鑄幣和金條數量間的比例是每天變化的；國內流通所消受的金子數額和被送到國外供國際流通的金子數額是每天變化的。那時他就會瞭解到：他的關於通貨總額彷彿固定不變這一教條，乃是和日常的經驗極端矛盾的一種荒謬絕倫的錯誤。威斯頓君本不應該把自己對於貨幣流通法則上的無知變成反對提高工資的論據，而應該來研究使貨幣流通能適應不斷變化着的條件的那些法則才是。

（四）［提供與需求］

我們的朋友威斯頓遵行 «repetitio est mater studiorum»（複習是學業之母）這句拉丁諺語，所以他又一次用新的方式來重述他原來的教條，硬說貨幣流通因工資提高而引起的緊縮定將使資本減少等等。既然我們已經打破了他對於貨幣流通的奇談，所以我認爲再來詳細地研究那些在他看來應從他所臆造的貨幣流通難關中產生的虛構的後果，就完全是多餘的了。我最好是逕直來試圖把他的那個教條

——仍然是原來的那個敎條，不過他用各種不同的形式把它反復陳述出來罷了——歸納到它的最簡單的理論形式上去。

他對自己那個命題的論述持着一種非批評的態度，這從一個唯一的意見中就可以很淸楚地看出。他反對提高工資，或是反對因工資提高而產生的高額工資。現在我要問他：什麽是高額工資，什麽又是低額工資呢？例如，爲什麽每星期五先令就算是低額工資，而每星期二十先令就算是高額工資呢？如果說五與二十相比算是低額的，那末二十與二百相比就算是更低的了。如果有人要作關於寒暑表的講演，大談什麽高溫度和低溫度，那末，他這樣作並不能告訴誰以任何知識。他首先應該說到冰點和沸點是怎樣確定的，應該告訴別人說這兩個標準點是由自然法則所决定，而並不是由出賣或製造寒暑表的人隨意臆斷出來的。然而威斯頓君說到工資和利潤時，不但沒有從經濟的法則中推演出這樣的標準點，而且甚至不覺得有尋找這些標準點的必要。他以採用關於高或低的一種流行庸俗說法爲滿足，彷彿這種說法是有什麽確定的意義，雖則十分顯然，工資只有和一種測量其大小的標準相比較時，才可說是高額的或低額的。

他不能向我說明，爲什麽一定量的勞動要用一定量的貨幣來支付。如果他囘答我說『這是由提供和需求法則來决定』，那我立刻就要反問他：提供和需求本身又是由什麽法則來調節的呢？我這樣一反問，就馬上把他問住了。勞動提供額和勞動需求額的相對關係在不斷地變化着，勞動的市場價格也是在不斷地變化着。如果需求超過提供，工資就要上漲；如果提供超過需求，工資就要下降，雖則在這種情形下，有時仍有必要例如用罷工或別的方法去探測需求和提供的實際情况。但是，如果你們承認提供和需求是調節工資的法則，那末你們聲言表示反對提高工資便是一種幼稚行爲和無謂舉動了，因爲按照你們所憑藉的那個至高無上的法則說來，工資的週期性的上漲，也和工資的週期性的下降一樣，是必要的和合理的。如果你們不承認提供和需求是調節工資的法則，那我就要重新提出自己的問題：爲什麽一定量的勞動要用一定量的貨幣來支付呢？

但是，我們且從更廣的方面來研究問題：你們如果以爲勞動和其他任何一種商品的價值歸根到底彷彿是由提供和需求來決定，就未免大錯特錯了。提供和需求只調節着市場價格一時的變動。提供和需求可以說明爲什麽某一商品的市場價格高漲到它的價值以上或降低到它的價值以下，但是決不能說明這個價值本身。假定說，提供和需求是相互平衡，或如經濟學者所說，是相互彌補的吧。須知，當這兩個相反的力量相等的時候，它們就相互麻痹而停止發生任何一方面的作用哩。當提供和需求相互平衡而停止發生作用的時候，商品的市場價格就會等同於它的實在價值，就會等同於它的市場價格所環繞發生變動的標準價格。所以在研究這種價值的本質時，我們完全不必講到提供和需求對市場價格發生的那種一時的影響。這點無論對於工資來說，或對於其他一切商品的價格來說，都是一樣的。

（五）[工資與價格]

我們的朋友所持的一切論據，如果把它們用最簡單的理論形式表達出來，便可歸結成如下一個唯一的教條：『商品的價格是由工資來決定或調節的』。我能援引實際的經驗來推翻這種已被駁倒的陳舊謬論。

我能向你們指出，英國工廠工人、礦工、造船工人等等的勞動雖被支付得比較高，但他們終究因自己的產品低廉而壓倒其他國家；又如英國農業工人的勞動雖被支付得比較低，但他們却因自己的產品昂貴而幾乎被其他一切國家所壓倒。 我能以同一國家的不同產品或不同國家的各種商品作比較來證明，除掉一些與其說是本質上的不如說是表面上的例外情形，平均說來，被支付得高昂的勞動總是生產出低廉的商品，而被支付得低廉的勞動總是生產出高昂的商品。這當然絕對不是證明說，一種場合下的勞動價格高和另一種場合下的勞動價格低，每次都是造成這絕對相反結果的原因，但這無論如何總是證明說商品的價格不是由勞動價格來決定。不過我們完全不必採用這種經驗主義的方法。

但是，也許有人會否認威斯頓君曾提出過『商品的價格是由工資來決定或調節的』這個教條。的確，他一次也沒有下過這樣的定義。甚至相反，他曾說利潤和地租也是商品價格的構成部分，因爲不但工人的工資，而且資本家的利潤和土地所有者的地租，也非從商品的價格中支付不可。但是，照他的意見，價格是由什麼構成的呢？首先是由工資構成的。然後又替資本家加上百分之幾，替土地所有者也加上百分之幾。現在假定生產一種商品時所費勞動的報酬爲十；如果利潤率與支出的工資相比是等於百分之百，那末資本家就要加上十；如果地租率與工資相比也是等於百分之百，那末又要再加上十；於是商品的全部價格就是三十。但是，這樣決定價格不過是說價格由工資來決定罷了。如果在上述場合，工資漲至二十，那末商品的價格就要增至六十，其餘可由此類推。因此，一切擁護價格由工資來調節這一教條的老朽政治經濟學的著作家們，都把利潤和地租只看成是加在工資上的百分數來企圖證明這點。當然，他們中間沒有一個人能把這些增加的百分數的限度歸結到某種經濟法則上去。相反，他們大概認爲利潤是由傳統、風俗和資本家的意志來決定，或是由別種同樣隨意想出和不可說明的方式來決定的。他們說利潤是由資本家相互的競爭來決定，但這種說法絲毫也沒有說明什麼問題。誠然，這種競爭無疑是可能平衡不同生產部門中的不同的利潤率，即可能把這些利潤率引到一個平均的水平，但它決不能決定這個水平本身或一般利潤率。

當我們說商品的價格是由工資來決定時，我們講的是什麼意思呢？既然工資是勞動價格的另一名稱，那我們就是說，商品的價格是由勞動的價格來調節的。既然『價格』是交換價值，——而我講到價值時，總是指交換價值而言，——是表現於貨幣的交換價值，於是這一原理就歸結爲『商品的價值是由勞動的價值來決定的』，或『勞動的價值是價值的一般尺度』。

但是，這樣一來，『勞動的價值』本身又是怎樣決定的呢？這裏我們就陷入了窘境。自然，如果我們想依照邏輯來從事推論，那我們就不免要陷入窘境了。可是，擁護這個教條的人們是不大關心邏輯的。例如就以我們的朋友威斯頓來說吧。他起初告訴我們說，商品的價格是由工資來決定，所以當工資增加的時候，價格也要提高。隨後他又向我們證明說，相反，工資的增加不會有任何好處，因爲商品的價格也要隨之提高起來，因爲工資實際上是以工資所能買來的那些商品的價格來測量的。總之，我們開始是聲明說商品的價值由勞動的價值來決定，末尾我們却又聲明說勞動的價值由商品的價值來決定了。這樣一來，我們就眞是在循環圈裏轉來轉去，始終得不出任何結論來。

一般說來，如果我們把一種商品的價值，例如勞動、穀物或其他某種商品的價值作爲價值的一般尺度和調節器，那我們顯然只是在躲避困難，因爲我們是用一種價值來決定另一種價值，而這種價值本身又是需要被決定的。

『商品的價格是由工資來決定的』這一教條，若用它的最抽象的說法來表示，就是說『價值由價值來決定』，而這種同義反覆語只是表明我們實際上對於價值問題一竅不通。如果接受這個前提，那末所有關於政治經濟學一般法則的推論，便變成爲空言囈語了。所以，李嘉圖的偉大功績，就在於他在一八一七年出版的自己那部『政治經濟學原理』中，把那個認爲『價格由工資來決定』的流行已久而陳舊不堪的虛僞學說完全粉碎了。亞當•斯密和他的那些法國前輩人物，在自己著作中眞正科學的部分裏曾駁斥過這個虛僞學說，但是他們在自己著作中較爲膚淺和庸俗的章節裏，却又把這個虛僞學說重述出來了。

（六）[價值與勞動]

公民諸君，講到這裏，我必須來實際地闡明我們所研究的問題了。我不能保證說我能完全令人滿意地做到這點，因爲要做到這點，我就不免要涉及到政治經濟學的全部範圍。我祇能如法國人所說的那樣 «effleurer la question»，即祇能涉及各個基本問題。

我們所要提出的第一個問題，就是：什麽是商品的價值？它是由什麽來決定的？

初看起來，似乎商品的價值是一種完全相對的東西，若是不注意到這商品和其他一切商品間的關係，那它的價值是不能確定的。的確，講到價值時，講到某一商品的交換價值時，我們指的是這商品與其他一切商品交換的數量上的比例。但是這時又會發生一個問題：商品相互交換的比例又是怎樣決定的呢？

我們從經驗上知道，這些比例是極不相同的。如果我們拿某種商品，例如拿小麥來說，那我們就會發現，一夸脫小麥和其他各種商品相交換是差不多有無數不同比例的。但因爲小麥的價值在所有這些場合都依然是一樣的，不管它是表現在絲綢上也好，表現在金子或其他某種商品上也好；所以這個價值就應當是一種不同於它與其他商品相交換的異樣比例的東西，是與這些比例毫不相干的東西。用一種不同於各種商品間這些異樣等量關係的形式把這個價值表示出來的可能性，一定是存在的。

其次，假如我說一夸脫小麥是按一定的比例與鐵相交換，或者說一夸脫小麥的價值是表現於一定分量的鐵，那我也就是說，小麥的價值和它那個表現爲鐵的等價量等於既不是小麥又不是鐵的某個第三種東西，因爲我的出發點是認爲小麥和鐵是以兩種不同的形態來表現同一數量的。所以，這兩種商品中的每一種，不論是小麥或鐵，都一定可能不依賴於另一種而化成這個第三種東西，即化成作爲它們的共同尺度的東西。

爲了使這個原理通俗易解，我要從幾何學方面引證一個很簡單的例子來說說。當我們要來比較各種形態和各種大小不同的三角形面積，或是比較三角形面積與矩形或其他某種平面形面積時，我們是怎樣着手的呢？這時，我們就把任何一個三角形的面積還原爲全然不同於它的外形的一種表現形式。既然我們根據三角形的特性知道它的面積是等於它的底邊乘高數之一半，於是我們就能把各種三角形的大小以及一切平面形的大小相互加以比較，因爲每一種平面形都可以分解爲一定數量的三角形。

在計算商品價值時，也應當使用這一方法。我們應有可能把一切商品還原爲它們所共同有的一種表現形式，只是按照它們各自都包含有同一尺度的那些比例去區別它們。

既然各種商品的交換價值不過是這些東西的社會機能而與它們的自然屬性毫無共同之處，所以我們首先就要問，一切商品共通的社會實體是什麼呢？這就是勞動。爲要生產出一個商品，就必須在這個商品上耗費或加上一定量的勞動。並且我不是簡單說勞動，而是說社會勞動。如果一個人生產一種物品是爲了滿足自己的直接需要，是爲了供自己的消費，那他所創造的就是產品而不是商品。他作爲一個爲自己工作的生產者，是與社會沒有任何關係的。但是，一個人爲要生產出一種商品，他就不僅要生產出一種能滿足某種社會需要的物品，並且他的勞動本身也應該是構成社會所耗費的勞動總額中不可缺少的一部分。他的勞動應該服從於社會內部的分工。他的勞動沒有其他部分的勞動就不能存在，而他的勞動本身又是爲補充其他部分的勞動所必需的。

當我們把各種商品當作一些價值量來看時，我們是只把它們看作體現了的、凝固了的或所謂結晶了的社會勞動。從這個觀點來看，各種商品所以能互相區別，只是由於它們代表着較多或較少的勞動量。例如生產一條絲手巾也許比生產一塊磚所耗費的勞動量要多。但是勞動量是由什麼來測量的呢？就是由勞動所經的時間單位如小時、日等來測量的。爲了要有可能用這種尺度來測量勞動，就必須把各種勞動都歸結爲平均的或簡單的勞動，作爲各種勞動統一的標準。

於是我們便得出下面的結論：商品具有價值，是因爲它是社會勞動的結晶。商品價值的大小或其相對價值，取決於商品所含的社會實體量的大小，卽取決於爲生產這商品所必需的相對勞動量。所以各商品的相對價值，是由耗費於、體現於、凝固於各該商品中的相當勞動數量或總數來決定的。凡需要用同樣的勞動時間來生產出的各種商品所含有的相當數量，是彼此相等的。或者說：一種商品的價值對別種商品的價值的比例關係，相當於一種商品中凝固勞動量對別種商品中凝固勞動量的比例關係。

我料想你們有許多人一定要問：商品價值由工資來決定與商品價值由生產該商品所必需的相對勞動量來決定，這兩種論斷之間是否眞正有很大的區別或一般有什麽區別呢？但你們必須明白認識到，勞動報酬和勞動數量是完全不相同的東西。假定說，例如生產一夸脫小麥和生產一盎斯金子是耗費了同等數量的勞動。我舉這個例子，是因爲富蘭克林在他的第一部著作裏曾引用過它，這部著作出版於一七二九年，題爲『關於紙幣本質和必要性的初步研究』，這裏他第一個發現了價值的眞正實質。總之，我們已假定，一夸脫小麥和一盎斯金子是同等價值量或等價物，因爲它們都是凝結於它們本身中的若干時日或若干星期的同等數量的平均勞動的結晶。我們這樣來決定金子和小麥的相對價值時，是否多少要求助於農業工人和礦工的工資呢？一點也不要。我們把他們每天或每星期勞動究竟怎樣被報酬的問題，甚至關於一般是否採用過僱傭勞動的問題，留作一個完全沒有確定的問題。如果採用了僱傭勞動，那末這兩個工人的工資可能是完全不相等的。一個把勞動體現在一夸脫小麥上的工人可能只獲得兩普式爾小麥的工資，而那個開礦的工人却可能獲得半盎斯金子的報酬。或者，如果假定他們的工資是相等的，那末，這個工資也可能在極不相同的比例上離開他們所生產的商品價值。這個工資可能等於一夸脫小麥和一盎斯金子的二分之一、三分之一、四分之一、五分之一或其他某種份量。他們的工資當然不能高於他們所生產的商品的價值，不能多於這個價值，但它可能少於這個價值，並且是在極不相同的程度上少於這個價值。他們的工資要受生產品價值所限制，但是他們生產品的價值却絲毫不受工資所限制。而最主要的是，例如小麥和金子的價值，相對價值，完全不依所用勞動的價值來規定，即不依工資來規定。因此，以商品中凝固的相對勞動量去決定商品價值，是與那種以勞動的價值或工資去決定商品價值的同義反覆語式的方法全然不同的。不過，這一點且待我們在以後的探討過程中加以進一步的闡明。

我們計算一種商品的交換價值時，必須把預先用在這種商品原料中的勞動數量以及消耗在實現這種勞動所必需的裝備、工具、機器和房屋的勞動，加到最後生產階段所費的勞動數量上去。例如，一定量棉紗的價值，乃是幾個勞動量的結晶，即在紡績過程中施於棉花上的若干勞動量，預先施於棉花本身的若干勞動量，體現於煤炭、油料及其他各種生產輔助材料的若干勞動量以及消耗於蒸汽機、紡錘、廠房等等的若干勞動量的結晶。本來意義的生產工具，如器具、機器和廠房，可以在輾轉重復的生產過程中服務一個較長的時期。如果它們像原料一樣是一下子就消耗完了，那末它們所有全部價值也會一下子就轉移到那些用它們生產出來的商品上去。但是，因爲例如紡錘只能逐漸消耗完，所以就要作出一種平均計算，而以紡錘的平均生存壽命和它在一定時間內，譬如在一天內的平均消耗程度作爲這種計算的基礎。這樣我們就可以計算出紡錘價值中哪一部分是轉移於每天紡出的棉紗上，因而也就可以計算出，例如一磅棉紗所費的全部勞動量中，有哪一部分是預先體現於紡錘的勞動。就我們現有的目的而論，對於這個問題是再沒有什麽必要來加以較爲詳細的說明了。

有人也許會覺得，如果說一個商品的價值是由生產它時所費的勞動量來決定，那末一個人愈懶惰或愈笨拙，則他所生產出的商品的價値就愈大，因為他生產這種商品所需要的勞動時間是愈多的。然而，如果作出這樣的結論，那就是犯了一種可悲的錯誤了。你們記得我曾經用過『社會勞動』這個用語，而『社會』這個用語是意義很大的。我們說一個商品的價値是由耗費於或結晶於這個商品中的勞動量來決定，我們所指的是在一定的社會狀態中，在一定的平均生產條件下，在所用勞動強度和技巧的一定平均社會水平下，生產這個商品所必需的勞動量。在英國，當汽力織機已開始來和手織機相競爭時，為了把一定量的紗轉化為一碼布或一碼呢子，只需要使用原先勞動時間中的半數時間。誠然，可憐的手織機織工，現在已不是如從前那樣每天勞作九小時或十小時，而是每天要勞作十七至十八小時了。但是，現在這織工二十小時勞動的生產品中只包括有十小時社會勞動，或十小時為了把一定量的紗轉化成布時所必須耗費的社會必要勞動。因此，這個織工現在二十小時勞動的生產品所包含的價値，並不多於他從前十小時勞動的生產品中所包含的價値。

總之，如果說各個商品的交換價値是由體現在各該商品中的社會必要勞動量來決定，那末，凡是在生產某一商品所需要的勞動量增加時，這個商品的價値就必定要增加，而凡是在生產它所需要的勞動量減少時，它的價値就必定要減少。

如果說為生產一定商品所必需的勞動量是固定的話，那末這些商品的相對價値也會是固定的了。但是實際情形却不是如此。生產商品所必需的勞動量，是隨着所用勞動的生產力的變化而不斷變化的。勞動的生產力愈大，則在一定的勞動時間內所製成的生產品也愈多；勞動的生產力愈小，則在同一時間內所製成的生產品也愈少。舉例說：如因人口增加而必須耕種肥沃程度較低的土地時，為要獲得與先前同量的生產品，就必須耗費較大的勞動量，因而農產品的價值就會提高起來。另一方面，如果一個紡紗工人運用現代生產資料紡紗，在一個工作日內能比他從前運用手紡車在同一時間內把多幾千倍的棉花製成紗，那末，每一磅棉花所吸收的紡紗工人的勞動，就顯然要比以前少幾千倍，因而在紡紗過程中所加於每一磅棉花上的價值也顯然要比從前少幾千倍，於是棉紗的價值也顯然要相應地減少下去。

如果把各國人民的天然特性的區別和其所具有的生產技能上的區別撇開不說，那末勞動生產力主要應當是取決於：

（一）勞動的自然條件，如土地的肥沃程度、礦山的豐富程度等等；

（二）勞動的社會力量的日益改進，這種改進是由以下各種因素所引起，即大規模的生產，資本的集中，勞動的聯合，勞動上的分工，機器的採用，生產方法的改良，化學力及其他自然力的應用，靠利用交通和運輸工具而達到的時間和空間上的縮減，以及其他各種發明，這些發明是科學所藉以驅使自然力爲勞動服務並且是勞動的社會性質或協作性質所賴以發展的。勞動的生產力愈高，則費於一定量生產品上的勞動就愈少，因而生產品的價值也愈小。勞動的生產力愈低，則加於同量生產品上的勞動就愈多，因而生產品的價值也愈高。因此，我們可以把下面這點確定爲一般的法則：

商品的價值與生產這商品時所費的勞動時間成正比例，而與所費的勞動生產力成反比例。

上面我們所說的都是關於價值問題，現在我要關於價格，即關於價值所採取的特殊形式問題補充說幾句。

價格本身不過是價值的貨幣表現罷了。例如，一切商品的價值在英國是用金子的價格表現出來，而在歐洲大陸則主要是用銀子價格表現出來。金子或銀子的價值，和其他一切商品的價值一樣，都是由開採它們所必需的勞動量來決定的。你們用你們國內一定量的生產品，即用你們國內一定量勞動凝結在裏面的生產品，去交換那些出產金銀的國家內的生產品，即交換有它們那裏一定量勞動凝結在裏面的生產品。人們正是這樣，即實際上是通過商品交換商品來逐漸學會用金銀表現一切商品的價值，即生產各該商品時所消耗的勞動量的。你們只要仔細看看這種價值的貨幣表現，亦即價值向價格的轉化，就會發現這裏發生的是一種過程，而一切商品的價值都是經由這種過程獲得獨立的和一致的形態，換句話說，一切商品的價值都經由這種過程表現爲同一社會勞動的數量。既然價格只是價值的貨幣表現，所以亞當•斯密就稱之爲自然價格，而法國的重農學派則稱之爲必要價格（prix nécessaire）。

那末，價值和市場價格間的關係或自然價格和市場價格間的關係，又是怎樣的呢？你們都知道，無論各個生產者方面的生產條件如何不同，但一切同類商品的市場價格總是一樣。市場價格只是表現着在平均的生產條件下爲供給市場以一定數量的一定產品所必需的平均的社會勞動量。　市場價格是依據該種商品的總額來計算的。

在這個範圍內，商品的市場價格是與它的價值相符合的。另一方面，市場價格有時高於商品的價值或自然價格，有時低於商品的價值或自然價格的這種變動，是依提供和需求的變動爲轉移。市場價格離開商品價值的情形可以經常看見，但是正如亞當•斯密所說：

『自然價格好像是一種中心價格，一切商品的價格都趨向於這一中心價格。各種偶然的情況可能有時把商品的價格保持在大大超過中心價格的水平上，有時又使商品的價格略低於中心價格。但是不管有怎樣的障碍使商品價格離開這個穩定的中心，商品價格總是經常趨向於這個中心的』。

我現在不能來仔細地分析這個問題。這裏祇須指出如下一點：如果提供和需求互相平衡，則商品的市場價格相當於它們的自然價

26—1966

格，即相當於它們由生產它們時所必需的勞動量決定的價值。但提供和需求必定要經常趨向於互相平衡，雖則這種平衡只能是一個變動補償另一個變動，以上漲補償下落，或是以下落補償上漲來實現。如果你們不是只考察每天的漲落情形，而是分析一下較長期間中市場價格的變動，例如像屠克先生在他的物價史裏面作過的一樣，那末你們就會發現，市場價格的漲落，市場價格的離開價值，市場價格的一漲一落，都是互相尅制和互相補償的；所以，如果把壟斷組織的影響及其他某些變更撇開不說，——關於這些，我現在不能詳細談到，——那末一切種類的商品，平均說來總是按着它們各自的價值或自然價格出售的。市場價格的漲落由以互相補償的平均時期，對於各個種類的商品是各不相同的，因爲提供適合需求這點對於某種商品來說是較爲容易，而對另一種商品來說則是較爲困難的。

由此可見，既然一般說來，在一個較長的時期內，一切種類的商品都是按着自己的價值出賣的，那末，若假定說利潤——不是說在個別場合，而是指的各種工業部門中經常的和普通的利潤——是導源於額外提高商品價格或由於商品按超過其價值的價格出賣的結果，就未免太荒謬了。如果我們把這種觀念綜合起來，那它的荒謬的性質便可看得十分清楚。凡是一個人以賣者資格經常贏得的東西，他總是不免要以買者資格喪失掉。 若指出有些人是買者而不同時又是賣者，或是消費者而不同時又是生產者，那也無濟於事。這些人付給生產者的東西，他們是應該起先從生產者那裏無代價地獲得的。如果一個人起先拿了你的錢，然後他購買你的商品時又將它歸還給你，那你就是按過高的價格把你的商品賣給他，你也永遠不會發財致富的。這種交易可能減少虧折，但是决不能產生利潤。

所以，你們若想說明利潤的一般本質，就應該從如下一個原理出發，即商品平均說來是按着自己的實際價值出賣的，利潤是從商品按其價值出賣中得來的，亦即從商品依其所體現的勞動量比例出賣中得來的。如果你們不能根據這種假定來說明利潤，那你們就根本不能把它說明了。這好像是不近情理，彷彿是與日常經驗相抵觸。但是，地球繞日而行以及水由兩種易燃氣體所構成，也是同樣彷彿不近情理哩。如果根據只能捉摸住事物誘人外觀的日常經驗來判斷問題，那末科學的眞理就會總是顯得不近情理了。

（七）勞動力

當我們已儘可能簡略地分析了價值的本質，分析了任何一個商品所含價值的本質以後，我們就應當集中注意力來研究特殊的價值，即研究勞動的價值。這裏我又要用一種在你們看來好像是不近情理的論斷來使你們感到驚訝了。你們都相信，你們每天所出賣的是自己的勞動，所以勞動是有價格的，因而——既然商品的價格只是它的價值的貨幣表現，——一定是有一種作爲勞動的價值的東西存在的。　但是，作爲勞動的價值的東西，就這個名詞的通常意義來說，實際上是不存在的。我們已說過，商品的價值是由凝結在它裏面的必要勞動量所構成的。如果我們想來應用價值這個概念，試問我們怎能確定比如說十小時工作日的價值呢？這個工作日裏包含有多少勞動呢？十小時勞動。如果我們說十小時工作日的價值等於十小時的勞動，或等於這個工作日裏所包含的勞動量，那就無非是一套重複話，或甚至是一種廢話了。顯然，當我們一發現『勞動的價值』一語所包含的眞實而隱藏的意義之後，我們也就能夠說明對於價值概念的這種不合理和似乎是不可能的用法了，也好像我們認識了天體的實際運行情形後，就能夠說明天體如我們所感觸到的那樣的表面運行情形一樣。

工人所出賣的不直接是他的勞動，而是他暫時讓給資本家支配的勞動力。這樣說是十分對的，以致法律上已規定了——我不知道英國的法律究竟怎樣，但至少歐洲大陸有些國家的法律已規定了——許可出賣自己勞動力的最大期限。如果許可無限期地出賣勞動力，那就會使奴隸制立刻恢復起來了。如果這種出賣手續包括到某一工人終身的時間，那就會立刻把他變成爲他那個僱主的終身奴隸了。

英國最老經濟學者和最獨特哲學家之一的霍布斯，在他著的『巨靈』中，已本能地發覺了所有他那些繼承者沒有覺察到的這件事實。他說：『一個人的價值或所值，像其他一切東西的價值或所值一樣，就是他的價格，卽他的能力被人使用時應獲得的報酬』。

如果我們從這一原理出發，那我們就能像確定其他一切商品的價值一樣來確定勞動的價值。

但是在這樣作以前，我們首先應當問：怎樣發生了這樣一種奇怪現象，卽市場上一方面有着一種買者羣，他們佔有土地、機器、原料和生活資料，卽佔有那些盡是——除掉原始狀態的土地外——勞動產物的東西，另一方面却有着一種賣者羣，他們除掉自己的勞動力外，除掉勞動的手臂和頭腦外，再沒有別的東西可賣；前者經常買進以求吸取利潤和發財致富，後者却經常賣出以求謀得生活費。要研究這個問題，就得研究那被經濟學者稱爲『先期積累或原始積累』，實則應該稱爲原始剝奪的東西。我們就會發現出，這種所謂原始積累不過是一連串使勞動者與其勞動資料間原先存在過的統一歸於破壞的歷史過程。可是，這樣來研究，就會超出擺在我面前的這個題目範圍之外了。勞動者脫離勞動工具的現象旣已成爲事實時，它就要繼續維持下去，並且要以不斷擴大的規模再生產出來，直到有一種新的和根本的生產方式革命再把這種現象消滅下去，並把原先存在過的統一在新的歷史形態中恢復起來爲止。

那末，勞動力的價值究竟是什麼呢？

也如其他一切商品的價值一樣，勞動力的價值是由生產它所必需的勞動量來決定的。一個人的勞動力是只有當他活着的時候才存在的。 一個人爲要成長和維持生活，就必須消費一定量的生活資料。但是，一個人也和一部機器一樣是不免要損壞的，所以必須用另外一個人來代替他。除了爲維持自己的生活所必需的一定量生活資料以外，工人還需要有一定量的生活資料來養育子女，這些子女應該在勞動市場中去代替他並且延續工人的種屬。除此以外，還必須要花費一定的價值，使工人能於發展自己的勞動力和求得一定的技能。就我們的目的而論，這裏只須考察一下中等勞動，這種勞動下的教育和訓練的費用是很微小的。但是，我必須乘機指出，既然各種不同質量勞動力的生產費用各有不同，所以各種不同生產部門所用勞動力的價值也一定是各不相同的。因此，平等工資的要求是一種基於錯誤想法的要求，是什麽時候也不能實現的一種妄想。這種要求乃是承認前提而企圖避開結論的那種虛妄和膚淺急進主義思想的產物。在僱傭勞動制的基礎上，勞動力的價值是如其他一切商品的價值一樣來確定的；既然各種不同的勞動力具有不同的價值，即它們的生產需要有不同的勞動量，所以在勞動市場上，它們也就應當按不同的價格獲得報酬。在僱傭勞動制基礎上要求平等的工資或僅僅是公平的工資，就猶如在奴隸制基礎上要求自由一樣。你們認定什麽東西是公道和公平的東西，但這却與問題毫不相干。問題在於什麽東西在一定的生產制度下是必要的和不可避免的。

由此可見，勞動力的價值，是由生產、發展、維持和延續勞動力所必需的生活資料的價值來決定的。

（八）剩餘價值的生產

現在我們假定，一個工人每日必需的生活資料平均量需要有六小時的平均勞動才可生產出來。同時我們又假定，這六小時的平均勞動體現在等於三先令的金子數量上。那末三先令就是這個工人勞動力的價格或其勞動力一日價值的貨幣表現。如果他每日工作六小時，那他每日所生產的價值就足以使他獲得他每日平均所必需的生活資料量，即維持他作爲一個工人的生存。

但這個人是個僱傭工人。因此，他必須把自己的勞動力賣給資本家。如果他把這個勞動力每日賣三先令或每星期賣十八先令，那末他是按這個勞動的價値出賣這個勞動力的。假定他是一個紡紗工人。如果他每日工作六小時，那末他每日添加到棉花上去的價値就是三先令。他每日添加到棉花上去的這個價値就是他的工資的確切的等價，亦卽他每日所得到的他那勞動力的價格的等價。可是，在這種場合，資本家就得不到任何的剩餘價値或剩餘生產品了。於是，我們在這裏就遇到眞正的困難了。

資本家購買了工人的勞動力並付了這勞動力的價値以後，就像一切其他商品的購買者一樣獲得了權利來隨便消費他所買得的這個商品，來使用這個商品。迫使一個人去工作以消費和使用他的勞動力，好像是開動一架機器以消費或使用這架機器一樣。資本家支付了工人勞動力的一日或一星期的價値之後，就獲得了權利來在整日或整個星期內使用這個勞動力或迫使它去工作。工作日或工作星期，自然也有一定的限制，可是這點我們以後再詳細地來談。現在我希望你們注意到一個要點。

勞動力的價値是由維持或再生產這種勞動力所必需的勞動量決定的，而對這勞動力的使用則只受着工人工作能力和體力的限制。勞動力的一日或一星期的價値是和勞動力的每日或每星期的消耗全然不同的，猶如一匹馬所需要的飼料和它能供人乘騎的時間完全不是一回事一樣。工人勞動力價値所由以限定的勞動量，不會限制工人勞動力所能作出的勞動量。我們就以我們的這個紡紗工人爲例來說吧。我們已經知道，爲要保證自己勞動力每日再生產，他就必須每日再生產三先令的價値，而這是他每日工作六小時就可以作到的。但是這並不妨礙他能每日工作十小時，十二小時或更多的小時。然而資本家支付了這個紡紗工人的一日或一星期的勞動力價値之後，就獲得了權利來在整日或整星期內使用這個勞動力。這樣資本家就迫使這個紡紗工人每日工作，例如說，十二小時。紡紗工人除了必須工作六小時以補償他的工資或他的勞動力價值以外，額外還必須工作六小時，這六小時我稱之爲剩餘勞動時間，並且這個剩餘勞動是體現於剩餘價值和剩餘生產品的。譬如說，假若我們這個紡紗工人每日工作六小時就在棉花上添加三先令的價值，卽添加構成他所得工資的確切等價的價值，那末，他在十二小時內就要在棉花上添加六先令的價值，生產出相應的剩餘數量的棉紗。　既然他已把自己的勞動力賣給了資本家，於是他所創造的全部價值或他所創造的全部生產品，便都屬於資本家，因爲資本家在一定的時間內是他的勞動力的所有者。所以，資本家預付出三先令，結果却實現出六先令的價值，因爲他所預付出的是六小時勞動結晶的價值，而他所取得的却是十二小時勞動結晶的價值。資本家每日重復這一過程，那他就是每日預付出三先令和每日取得六先令，這六先令中有一半又拿去支付工資，另一半則是資本家不付任何等價而白白獲得的剩餘價值。資本主義的生產或僱傭勞動制度，正是以資本和勞動間的這種交換爲基礎的，正是這種交換才經常使工人作爲工人再生產出來，而資本家則作爲資本家再生產出來。

在其他一切條件相等的情形下，剩餘價值率是依再生產勞動力價值所必需的那部分工作時間和專爲資本家服務的剩餘時間或剩餘勞動之間的比例爲轉移的。所以，剩餘價值率是依工作日在何種程度內超過工人只再生產其勞動力價值或只補償其工資的勞動時間爲轉移的。

（九）勞動的價值

我們現在應當回頭講到『勞動的價値或價格』這個用語。

我們已經知道，實際上，勞動的價值無非是由維持勞動力所必需的那些商品的價值來測量的勞動力價值。但是，因爲工人領得工資是在勞動完畢以後，並且因爲工人知道他實際上正是把自己的勞動讓給資本家，所以他就不免以爲他們的勞動力的價值或價格就是自己勞動本身的價格或價值。如果他的勞動力的價格是等於體現有六小時勞動的三先令，而他又是每日工作十二小時，那末他就必然要把這三個先令看成是十二小時勞動的價值或價格，雖則這十二小時的勞動是體現在六先令的價值中。由此就得出兩個結論：

第一，雖然嚴格說來，勞動的價值或價格是個無意義的名詞，但是勞動力的價值或價格在外表上却正是顯得好像是勞動本身的價格或價值。

第二，雖然工人每一日的勞動只有一部分是有償的勞動，而另一部分是無償的勞動；雖然正就是這一無償的或剩餘的勞動構成剩餘價值或利潤的產生基礎，但是表面上看來，彷彿全部的勞動都是有償的勞動。

這種虛僞的外表，就是僱傭勞動和勞動的其他歷史的形態不同之處。在僱傭勞動制度的基礎上，甚至無償的勞動也好像是有償的勞動；反之，奴隸的一部分有償的勞動，也好像是無償的勞動。奴隸爲要工作，自然必須生活，而他的工作日的一部分就得用來抵償他自己維持生活的價值；但是，既然奴隸和奴隸主之間沒有訂立任何交易合同，既然雙方又沒有什麽買賣行爲，所以奴隸的全部勞動似乎都是無報酬的。

另一方面，再以農奴爲例。可以說，農奴在整個東歐直到最近仍然是存在的。農奴一星期內大約有三日在自己私有或租讓給他的田地上爲自己工作，而另外的三日則在自己主人的田地上從事於強迫的和無償的勞動。所以，這裏勞動中的有償部分和無償部分在時間上和空間上都是顯然分開了的，於是我們的自由主義者就充滿了道義上的憤慨，認爲強迫人白白工作的思想是根本反常背理的。

其實，無論一個人是一星期中在他自己的田地上爲自己工作三日，再在自己主人田地上無報酬地工作三日，或是在工廠或作坊中每日替自己工作六小時，再替他的僱主工作六小時，結果都是相同的，不過在後一場合，勞動有償部分和無償部分是不可分開地打成一片了，整個交易的實質都因有合同存在和每星期終結時支領工資而被掩蓋住了。這種無報酬的勞動在此一場合令人覺得是自願的，在另一場合却令人覺得是強迫的。全部區別就在於此。

如果我將使用『勞動價值』這一用語，那就不過是把它作爲表示『勞動力價值』的通常流行的名詞來用罷了。

（一〇）利潤是在按商品的價值出賣商品時獲得的

假定一小時的平均勞動體現在價值上是等於六辨士，或十二小時的平均勞動體現爲六先令。又假定勞動的價值是等於三先令或六小時勞動的生產品。其次，如果商品的生產過程中所耗去的原料和所損耗的機器體現了二十四小時的平均勞動，那末這些生產資料的價值就等於十二先令。此外，如果資本家所僱的工人再添加十二小時自己的勞動到這些生產資料上去，則這十二小時就創造出六先令的附加價值。所以這種生產品的價值總額共爲三十六小時物體化了的勞動，卽等於十八先令。但既然勞動的價值或付給工人的工資只等於三先令，那末，資本家對於由工人所耗費並體現在商品價值裏的六小時剩餘勞動，就沒有支付任何等價。這樣，資本家把這個商品按其價值出賣爲十八先令時，就把他沒有付出任何等價的三先令的價值也一併實現了。這三先令就是他所中飽的剩餘價值或利潤。可見，資本家實現這三先令的利潤，並不是因爲他出賣自己的商品是按照超過商品價值的價格出賣的，而是因爲他出賣這個商品是按照商品實在價值出賣的。

商品的價值是由該商品所包含的勞動總量來决定的。但是，這勞動量有一部分是體現於已用工資形式付過等價的價值中，另一部分則體現於沒有付過任何等價的價值中。商品中所含的勞動，一部分是有償勞動，另一部分是無償勞動。所以，資本家按照商品的價值來出售商品，卽出賣耗費在該商品上的全部勞動量的結晶，是一定要獲得利潤的。資本家出賣的不僅有他付過某些等價的東西，並且還有他沒付過分文的東西，雖則這東西是費去了他所僱用工人的勞動的。商品的價值對於資本家說來是一回事，而商品的實在價值則完全是另一回事。總之，我重復說一遍，正常的和平均的利潤，不是由於商品超過其實在價值出賣得來的，而是在商品按其實在價值出賣時得來的。

（一一）剩餘價值所分解成的各個部分

剩餘價值，或商品全部價值中體現着工人剩餘勞動或無償勞動的那一部分，我稱之為利潤。但並不是全部的利潤都歸企業資本家佔有。土地所有者壟斷土地——不管這土地是用於農業，用於建築，用於鐵路或用於其他某種生產目的，——就有可能以地租名義取得剩餘價值中的一部分。另一方面，企業資本家擁有勞動資料，就有可能生產剩餘價值，亦即佔有一定量的無償勞動；所以，凡是全部或部分地把勞動資料貸給企業資本家的勞動資料所有者，簡言之，就是放債的資本家，也有可能以收取利息名義要求取得這剩餘價值中的另一部分。這樣，留歸企業資本家本身的，就只有稱為產業利潤或營業利潤的那一部分了。

至於上述三種人這樣瓜分全部剩餘價值時究竟是由什麼法則來調節，這個問題完全與本題無關。但從以上所述中可以得出下面的結論：

地租、利息和產業利潤不過是商品的剩餘價值或商品中所含無償勞動不同部分的不同名稱罷了，它們都是同樣從這個源泉並且只是從這一源泉產生的。它們不是由土地本身和資本本身產生出來的，但是土地和資本使其所有者可能從企業資本家壓榨工人所得來的剩餘價值中各分得一份。對於工人來說，究竟企業資本家是把這剩餘價值——工人剩餘勞動或無償勞動的產物——全部佔為己有，或是不得不將其中某部分以地租和利息的名義分給別人，這是一個次要的問題。假定說，一個企業資本家只運用着自己所有的資本，並且他本人又是其所需土地的所有者。在這種場合，剩餘價值就要完全歸他所有了。

直接向工人搾取這剩餘價值的正是企業資本家，不管他到底能把這剩餘價值中的哪一部分留歸自己。所以，整個僱傭勞動制度，整個現代生產制度，正是建立在企業資本家和僱傭工人間的這種關係上的。因此，有幾位參預我們討論的公民要想緩和事情，把企業資本家和工人間的這種根本關係看作一個次要的問題，是作得不正確的。雖則他們斷定得正確，在一定情况下，價格的上漲，其影響於企業資本家、土地所有者、貨幣資本家以至徵稅者的程度，是極不相同的。

從以上所述中還可以得出一個結論。

商品價值中只代表着原料和機器的價值的那一部分，即只代表着消耗了的生產資料的價值的那一部分，不會構成收入，只是補償着資本罷了。但即使把這個問題置之不談，若說商品價值中的另一部分，即構成收入或可能以工資、利潤、地租、利息的形式花費掉的那一部分，是由工資的價值、地租的價值和利潤的價值等等所構成，也將是不正確的。我們先把工資除開不說，只來研究產業利潤、利息和地租。我們剛才說過，商品中所包含的剩餘價值或商品價值中體現着無償勞動的這一部分價值，其本身分解成爲不同名稱的三部分。可是，如果說商品中的這一部分價值是由這三個構成部分各自獨立的價值合共組成或形成，那就大錯特錯了。

如果一小時的勞動體現爲六辨士的價值，如果工人的一個工作日爲十二小時，如果這種時間裏面有一半是無償的勞動，那末這種剩餘勞動就在商品上添加三先令的剩餘價值，即沒有付過任何等量的價值。這三先令的剩餘價值，就是企業資本家可以依任何比例去和土地所有者及放債人瓜分的全部基金。這三先令的價值，就構成他們能夠彼此瓜分的那個價值的限度。但無論如何也不能說，企業資本家在商品的價值上任意加上一份價值作爲自己的利潤，然後再加上另一份價值給土地所有者等等，從而這商品的總價值是由這些任意規定的價值形成的。這樣，你們可以看出，一種流行的觀點，即將一定量價值分解爲三部分的事實混同於由三種獨立價值合共組成該定量價值的說法，因而把地租、利潤和利息所自出的總和價值化成一種隨意的定量，該是如何荒謬了。

假定一個資本家所實現的全部利潤等於一百鎊，我們把這個利潤總值視爲一個絕對量而稱之爲利潤總額。如果我們計算出這一百鎊對於墊支資本的比例，我們就把這個相對量稱爲利潤率。顯然，這個利潤率可以用兩種方式來表示。

假定墊支在工資上的資本爲一百鎊。如果所創造出的剩餘價值也是一百鎊，那就是表明這工人的工作日一半是無償勞動，並且——如果我們用墊支在工資上的資本價值去測量這個利潤的話——我們就可以說，利潤率等於百分之百*，因爲墊支的價值爲一百，而所實現的價值則爲二百。

另一方面，如果我們不是祇顧及墊支在工資上的資本，而是顧及全部墊支資本，即假定爲五百鎊，其中有四百鎊是代表着原料、機器等等的價值，那末結果我們就得出利潤率只等於百分之二十，因爲這一百鎊的利潤只爲全部墊支資本的五分之一。

前一表示利潤率的方式，是能表明有償勞動和無償勞動間實在比例，表明勞動剝削（請允許我引用這個法文名詞）實在程度的唯一方式；後一表示方式是通常習用的，並且它確實也適用於某幾種目的，至少是極便於掩飾資本家向工人搾取無償勞動的程度。

在我以後的說明中，我將使用利潤一語來標明資本家所搾取的剩餘價值總額，並不管這剩餘價值在不同人羣間如何分配；而我在使用利潤率一語時，總是用利潤對墊支在工資上的資本價值的比率來測量利潤。

（一二）利潤、工資與價格間的一般對比關係

如果從商品的價值中除去補償原料和耗費在商品上的其他生產資料的價值，即除去那種代表着商品中所含過去勞動的價值，那末，這商品價值中其餘的部分就是工人在該次生產過程中所添加的勞動量。如果這個工人每日工作十二小時，而十二小時的平均勞動結晶爲六先令的金子，那末這六先令添加的價值就是他的勞動所創造的唯一價值。這種由工作時間所決定的一定的價值，就是工人和資本家雙方都應由其中各分一份的唯一基金，即應該分爲工資和利潤的唯一價值。顯然，這兩方面雖可按各種不同比例來分配這一價值，但這價值本身是不會改變的。假如不是以一個工人而是以全體工人人數計算，或者不是以一個工作日而是例如以一千二百萬個工作日計算，也是同樣不會有什麽改變的。

既然資本家和工人間所能分配的僅僅是這個有限的價值，亦即由這工人全部勞動所測量的價值，所以一方面所分得的愈多，他方面所分得的就愈少，反之亦然。假如有一個一定的數，則這個數中一部分所增加的比例，總是另一部分所減少的比例。假若工資變動，則利潤就要在相反的方面變動。假若工資下降，則利潤就要上漲；假若工資上漲，則利潤就要下降。若照上面的假設，假若這工人得三先令，即等於他所創造出的價值的半數，換句話說，如果這工人的整個工作日一半是有償勞動，一半是無償勞動，則利潤率就是百分之百，因爲這資本家所得的也是三先令。　假若這工人只得兩先令，或者說他在一個工作日中只有三分之一時間是爲自己工作，則這資本家所得到的就是四先令，而利潤率就是百分之二百。如果工人得到的是四先令，資本家只得兩先令，則利潤率就降至百分之五十。但是所有這一切變動都不會影響到商品的價值。可見，工資普遍的提高只會引起一般利潤率的降低，而不會影響到商品的價值。

雖然各商品的市場價格歸根到底應當由各商品的價值來調節，各商品的價值又唯一由凝結在商品中的各勞動總量來決定，而與各該勞動量分爲有償勞動和無償勞動毫無關係，但是決不能由此得出結論說，例如在十二小時內所生產的個別或整批商品的價值會是固定不變的。在一定的勞動時間內或是由一定的勞動量所生產的商品的數或量，是依所用勞動的生產力爲轉移，而不是依這勞動的時間上的延長或繼續程度爲轉移。例如，一個紡紗工人於一個工作日的十二小時內，在一種勞動生產力水平下，能生產十二磅棉紗，而在一種更低的勞動生產力水平下，也許只能生產兩磅棉紗。這就是說，如果十二小時的平均勞動體現在價值上爲六先令，那末，在前一場合是十二磅棉紗值六先令，而在後一場合是兩磅棉紗也值六先令。因此，在前一場合是一磅棉紗值六辨士，而在後一場合則是一磅棉紗竟值三先令。這種價格中的差别，就是所用勞動的生產力不同的結果。當生產力較大時，一磅棉紗中體現有一小時勞動；當生產力較低時，一磅棉紗中則體現有六小時勞動。在前一場合，一磅棉紗的價格只等於六辨士，儘管工資較高而利潤率較低，在後一場合，一磅棉紗的價格是等於三先令，儘管工資較低而利潤率較高。其所以這樣，是因爲一磅棉紗的價格是由耗費在這磅棉紗裏面的全部勞動量來決定的，而不是由這種勞動量分爲有償勞動和無償勞動的比例來決定的。於是，我前面所提到的那個事實，即支付得高昂的勞動可能生產出低廉的商品，而支付得低廉的勞動可能生產出高昂的商品這一事實，也就失去它那表面上彷彿不近情理的性質了。這一事實只反映着一個一般法則，即商品的價值由用在商品中的勞動量來決定，並且這勞動量完全依所用勞動的生產力爲轉移，因而也隨勞動生產率的每一變化而變化。

（一三）爭取提高工資或反對降低工資的一些最重要場合

現在我們就來十分認眞地研究爭取提高工資或反對降低工資的一些最重要場合。

（一）我們已經知道，勞動力的價值或——用較爲流行的說法來表示——勞動的價值，是由生活資料的價值或生產這資料所必需的勞動量來決定的。　因此，假如在某國內，一個工人平均每日所消費的生活資料價值爲六小時的勞動和表現爲三先令，那末這個工人爲生產出他一日生活費用的等價，就必須每日工作六小時。　如果整個的工作日爲十二小時，那末資本家付給他三先令，便付出了他的勞動的價值。工作日的一半是無償勞動，而利潤率是等於百分之百。但是，現在假定由於生產率降低的結果，例如爲了生產同量的農產品，需要用更多的勞動，於是一個工人每日平均所消費的生活資料量的價格就從三先令提高到四先令。在這種場合，勞動價值就增加三分之一，或增加百分之三十三又三分之一。爲要依照工人原來的生活水平生產出他一日生活費用的等價，便需要用八小時的勞動；所以，剩餘勞動就要由六小時減至四小時，利潤率就由百分之百降至百分之五十。但是，工人要求提高工資，不過是要求付出他的勞動已經增長的價值，恰如其他一切商品出賣人在自己商品成本費增加時，力求使自己商品已經提高的價值得到報酬一樣。如果工資沒有提高或提高得不夠補償生活資料已經增長的價值，那末勞動的價格就會降低到勞動的價值以下，於是工人的生活水平就降低下去。

但變化也可能在相反的方向上發生。由於勞動生產率提高的結果，一個工人每日平均所消費的同一數量的生活資料，可能從三先令減至兩先令，換句話說，這時爲要再生產出這些每日消費品價值的等價，就不是需要工作六小時，而是需要工作四小時了。現在工人用兩先令就可買到等於從前用三先令買到的生活資料；的確，勞動的價值就要降低，但在勞動的價值這樣減少的場合，工人仍能買到和從前一樣多的商品。在這種場合，利潤就會從三先令提高到四先令，而利潤率也要從百分之百提高到百分之二百。雖然這工人的生活的絕對水平依然照舊，但他的相對工資以及他的相對社會地位，即他與資本家相較的地位，却就會惡化下去了。工人對這種減低其相對工資的情形進行反抗，就不過是要求在他的勞動已經增長的生產力所生產出的總額中獲得應有的一分，並且不過是力求保持他從前在社會梯級上的相對地位罷了。例如，英國的工廠主在穀物條例廢除後，卑鄙地違背了他們在鼓動反對穀物條例時期的莊嚴諾言，把工資平均減低了百分之十。　工人的反抗在起初一個時期遭受了失敗，但是後來由於某種情況的影響，——這些情況我此刻不能詳細說明，——原已失去的百分之十又重新奪回來了。

（二）生活資料的價值，從而勞動的價值，可能仍舊不變，但是由於貨幣的價值已經發生變化的結果，這些生活資料的貨幣價格是可能發生變化的。

由於發現了更豐富的礦山以及類似的原因，生產例如二盎斯金子所費的勞動，可能不多於從前生產一盎斯金子所費的勞動。　在這種場合，金子的價值就會減低一半或百分之五十。勞動的價值，也如其他一切商品的價值一樣，現在就要表現在比以前大一倍的貨幣價格上。從前表現於六先令的十二小時勞動，現在就會表現於十二先令了。如果工人的工資仍是三先令而沒有提高到六先令，那末，他的勞動的貨幣價格現在就只等於他的勞動的價值的半數，他的生活水平也就要大爲降低下去。在工資雖有提高但却不完全相當於金子價值下降程度的場合，這種情形也仍將在或大或小的程度上發生。在我們所考察的這個實例中，無論勞動生產力，無論提供和需求或商品價值，都是一點也沒有變化。除這些價值的貨幣名稱以外，什麽也沒有變化。如果硬說在這樣的場合，工人不應當爭取工資的相應的提高，那就等於說，人們不用物品而用名稱來支付他的勞動時，他也應當感到滿足了。全部過去的歷史證明，每當發生這樣的貨幣跌價時，資本家總是急忙利用這種良好機會來欺騙工人。有一個人數衆多的經濟學派斷定說，由於新發現一批產金地、改進銀礦開採和水銀供給較廉的結果，貴重金屬的價值又重新降低了。這就可以說明歐陸各國普遍流行和同時發生的要求提高工資的運動。

（三）我們以前都假定工作日有一定的限界。但是工作日本身是沒有固定限界的。　資本的經常趨向是要極力把工作日延長到體力上可能繼續的極端程度，因爲隨着工作日繼續程度的延長，則剩餘勞動，從而這勞動所產生的利潤，也同樣增長起來。　資本愈是能把工作日延長，則它能佔有他人的勞動量也愈多。在十七世紀內，甚至在十八世紀頭前三分之二的期間內，全英國的正常工作日都是十小時。當反雅可賓戰爭時期，——這一戰爭實際上是不列顛貴族反對不列顛勞動羣衆的戰爭，——資本往往慶祝自己的勝利，同時也往往把工作日從十小時延長到十二小時，十四小時，十八小時。雖然馬爾薩斯無論如何也不能說是一個多愁善感的人，但他在一八一五年左右發表的一篇諷刺小品中申言說，如果這種情形再繼續下去，國民的生命就會根本被摧折了。在新發明的種種機器普遍應用的數年前，約在一七六五年間，英國出現了一篇題爲論工業經驗的諷刺小品。　匿名的作者，——他是工人階級的死敵，——硬說必須擴大工作日的限界。爲了達到這一目的，除了其他手段之外，他提議要建立施工所，這種施工所據他說應該是一種『恐怖所』。他提議要在『恐怖所』中採用的工作日長度又是怎樣呢？十二小時，——而這恰恰就是一八三二年資本家、經濟學者和閣員宣佈說不僅實際上對於十二歲以下兒童已是實行着的工作時間，並且對於這種兒童是必要的工作時間哩。

工人出賣自己的勞動力，——而他在現代制度下是不得不這樣作的，——就是把這個勞動力讓給資本家來消費，但是要在一定的

27—1966

合理的限界內消費。他出賣自己的勞動力，是爲了要保持這個勞動力，——這裏我們且把它的自然損耗撇開不說，——而不是爲的要毀滅這個勞動力。當工人在按勞動力一天或一星期的價值出賣自己的勞動力時，是預想這個勞動力在一天或一星期內不應受到它在兩天或兩星期內受到的那樣大的損耗的。譬如說一架機器價值爲一千鎊。如果這架機器能用十年，則它就在它所參與生產的商品的價值上每年添加一百鎊。如果這架機器能用五年，則它每年所添加在這些商品價值上的是二百鎊。換句話說，它每年所損耗的價值和它所能被使用的時期成反比例。但一個工人和一架機器的區別就正是在這一點上。機器的損耗並不是完全相當於它的使用。而人的損耗，却就要比單只根據關於延長其工作的數字材料所能想像的程度大得多了。

當工人爲爭取把工作日減到原先的合理限界而鬥爭時，或是——既然他們不能達到在法律上規定出一種標準工作日——力求用提高工資，把工資提高得不僅和從他們身上榨取的剩餘時間成比例，而且還要超過這一時間的辦法來防止過度勞動時，他們只不過是履行着他們對他們本身和他們種屬的一種義務罷了。他們只不過是把資本的橫暴強佔行爲加些限制罷了。時間乃是人類發展的空間。一個人既沒有一分鐘閒空時間，一生除睡眠飲食等純生理上的需要所引起的間斷以外，都是替資本家服務，——這樣的人就還不如一個載重的畜生。既然他身體上疲憊不堪，精神上麻木魯鈍，他就不過是一架爲別人生產財富的機器。同時，現代工業的全部歷史都表明，如果不把資本加以限制，那它是會毫無心肝和毫不留情地力求把全體工人階級弄到這種極端退化的絕境的。

資本家延長工作日時，可能付出**較高的工資**，但同時却會降低**勞動的價值**。這種情形，在工資提高得不能與從工人身上榨取的勞動量的增加程度相適應，不能與因此而發生的勞動力的加速損耗程度相適應的場合，是可能發生的。資本家用別種方法也能達到這點。例如英國資產階級統計家們會告訴你們說，在蘭開夏各工廠工作的工人家屬的平均工資增加了。他們却忘記補充說，現在人們投在資本的札格爾納烏特車輪下[1]去的已經不只是有作爲家長的成年男子，並且還有他的妻子和三四個小孩，而他們工資總額的增加是與從工人家庭搾取出來的全部剩餘勞動量不相稱的。

甚至在工作日有一定限界的情況下，即在現今一切服從工廠立法的工業部門中所有的情況下，單只爲了要把勞動價值保持在原有水平上，提高工資也是必要的。勞動強度的提高可能迫使一個人在一小時內耗費他從前在兩小時內耗費的那樣多的生命力。在服從工廠立法的那些生產部門中，由於機器動作速度的加強和每人管理的工作機器數量的加多，這種情形已實現到某種程度了。如果勞動強度的提高或一小時內所費勞動量的增大是在應有程度上與工作日長度的縮減相適應，這種縮減就終究會使工人佔到便宜。如果這個限度被破壞了，工人在一種形式下佔到的便宜就會在另一種形式下失去，因而在這種場合，十小時的勞動對於工人說來就可能造成從前十二小時所造成的那樣大的破壞影響。工人以爭取把工資提高到相應於勞動強度提高的程度來制止資本的這種傾向，不過是反對使自己的勞動跌價和自己的種屬衰敗罷了。

（四）你們都知道，由於某些原因，——對於這些原因，現在沒有說明的必要，——資本主義的生產要經過一定的週期循環。這種生產要經過消沉、逐漸活躍、繁榮、生產過剩、危機和停滯等階段。商品的市場價格和市場利潤率，都隨着這些階段而變化，有時低於本身的平均水平，有時高於本身的平均水平。你們如果考察這整個的循環期，便會發現市場價格的一種偏差是由別種偏差來補償的，而在整個循環期範圍以內，商品的市場價格平均是由商品的價值來調節的。所以在市場價格低落的階段上以及在危機和停滯的階段上，工人可以相信，即令他不會從生產中完全被拋棄出去，他

[1] 馬克思這裏暗示的是每逢節日裝載着印度人崇拜的毘搜紐神像——札格爾納烏特——在普利城沿街遊行的高輪車；迷信的人投在車輪下壓死。——編者註。

27*

的工資也一定會被減低的。爲了不致受騙起見，他甚至在市場價格這樣下降的時候，也應當爲了自己工資的降低在何種程度上是必然的問題來和資本家進行鬥爭。如果工人在資本家獲得額外利潤的繁榮時期不爭取提高工資，那末他在整個工業循環期內平均說來就會甚至不能得到自己的平均工資或自己勞動的價值。工人的工資在週期中不順利的階段上是必然要下降的，所以若要求工人在順利的階段上拒絕爭取補償自己的損失，那就未免是愚蠢至極了。一般說來，一切商品的價值，只是由於不斷變動的市場價格趨於平衡才能夠實現，而這種平衡又是因提供和需求間比例的不斷變動而發生的。在現制度的基礎上，勞動不過是一種商品，是一種和其他商品一樣的商品。這就是說，勞動也應當經過同樣的變動；它只是由於這些變動結果才可獲得與其價值相應的平均價格。如果一方面把勞動看做一種商品，另一方面却把勞動放在那些調節商品價格的法則之外，那就很荒謬了。奴隸能得到經常的和定量的生活資料，僱傭工人却不是這樣。僱傭工人應該爭取自己工資在某種場合的提高，那怕只是爲了要補償它在別種場合的降低也罷。如果工人馴服地接受資本家的意志，接受資本家的命令作爲最高的經濟法則，他就一定要挨受奴隸所受的一切苦痛，而又得不到奴隸所享有的生存的保障了。

(五)在我所考察過的一切場合——而它們是在一百回中佔九十九回的——我們已經看見，提高工資的鬥爭只是隨着先前變化的足跡進行，這一鬥爭是由於以下各方面，如生產的規模、勞動的生產力、勞動的價值、貨幣的價值、被搾取的勞動長度或強度、爲提供和需求的升降所決定並與工業循環週期中各階段相適應的市場價格漲落等方面發生變化所必然產生的結果；簡言之，這一鬥爭就是勞動對資本先前行動所表示的一種反抗行動。你們如果不顧這些情況而研究爭取提高工資的鬥爭，只看到工資的變動而忽視制約這些變動的其他一切變動，那你們就是根據一個錯誤的前提去得出錯誤的結論了。

（一四）資本和勞動間的鬥爭及其結果

（一）我已經說明，工人們週期式地反抗降低工資以及他們週期式地企圖達到提高工資，是和僱傭勞動有密切的聯繫，並且正是受下面這一事實所制約，即勞動既然等同於商品，因而也就要受那些支配着一般價格變動的法則所支配。　其次，我又已說明，工資的普遍提高能引起一般利潤率的降低，但却不會影響到商品的平均價格，也不會影響到商品的價值。現在終於發生了一個問題：在資本和勞動間這個不斷的鬥爭中，後者能達到多大的成效呢？

我可以概括地回答說，勞動的市場價格，也如其他一切商品的市場價格一樣，終究要與它的價値相適應；所以不管有怎樣的漲落，無論工人如何作鬥爭，他平均起來總只會獲得自己勞動的價値，亦即由維持和再生產勞動力所必需的生活資料的價値來決定的勞動力價値，而這生活資料的價値又是由生產這生活資料所必需的勞動量來決定的。

但是，勞動力的價値或勞動的價値因有一些特點而與其他一切商品的價値不同。勞動力的價値是由兩種要素所構成：一種是純肉體性的要素，另一種是歷史性或社會性的要素。勞動力價値的最低限界是由肉體性的要素決定的。這就是說，工人階級爲要保持和再生產自己，爲要延續自己肉體的生存，就必須獲得自己生活和繁殖所絕對必需的生活資料。所以這些必需生活資料的價値，就形成勞動的價値的最低限界。另一方面，工作日的長度，也有着自己的極限，雖然是伸縮性很大的。工作日最高的限度，是由工人的肉體力量來決定的。如果工人生命力每日的消耗超過一定限度，那他就沒有可能來每日重復這樣緊張的工作了。可是，我已說過，這種限界是伸縮性很大的。在體質虛弱而壽命短促的各代工人迅速更替的場合，勞動市場的保證是可能不比在體質強壯而壽命長久的各代工人相繼更替的場合差些的。

除了這種純肉體性的要素以外，勞動的價值在每個國家裏是由傳統的生活水平來決定的。這種生活水平不僅包括滿足肉體上的需要，而且包括滿足由人們賴以生息教養的那些社會條件所產生的一定的需要。英格蘭人的生活水平或可降至愛爾蘭人的生活水平；德國農民的生活水平或可降至拉脫維亞農民的生活水平。關於歷史傳統和社會習慣在這方面起的巨大作用，你們可以從托爾通著的『人口過剩論』一書裏看出，該書作者指出，英國各農業區中的平均工資，至今還是因這些區域在脫離農奴狀態時所處的條件順利程度不同而多少有些不同。

包含於勞動的價值中的這一歷史性或社會性的要素可能擴大，也可能縮小，或甚至完全歸於消失，以至除了肉體上的限界以外什麼也不會剩下。在反雅可賓戰爭時期（這個戰爭，如那位不可救藥的吞食賦稅者兼尸位素餐者的老喬治·洛滋所愛說的那樣，是爲挽救我們神聖宗教的福利免遭瀆神的法國人的侵犯而發動的），仁慈的英國農場主（我們在先前某次會議上曾好意地談過他們），竟把農業工人的工資甚至減低到這種純肉體性的最低限界以下；而對於爲保持工人的肉體生存並延續其種屬所必需的生活資料方面的缺額，他們却用貧民救濟稅來塡補。這是把僱傭工人變成奴隸，把莎士比亞的驕傲自由民變成窮人的一種高明的方法。

如果你們把各個不同國家內或同一國家各個不同歷史時代內的工資水平或勞動的價值水平比較一下，你們就會發見，勞動的價值本身不是一個固定數，而是一個可變數，這個數甚至在其他一切商品的價值仍舊不變的條件下也是可能變動的。

這種比較同樣可以表明出：不僅市場上的利潤率是變動的，而且平均利潤率也是變動的。

然而對於利潤來說，却沒有一種可以決定其最低限度的法則存在。我們不能說，利潤降低的終極限度是怎樣。我們爲什麼不能夠確定這個限度呢？因爲我們雖能確定工資的最低限度，我們却不能夠確定工資的最高限度。我們只能說，如果工作日限界是一定的，則最高限度利潤就與肉體上可能容許的最低限度工資相適應；如果工資是一定的，則最高限度利潤就與工人體力所能容許的工作日延長程度相適應。所以最高限度利潤是受肉體上可能容許的最低限度工資和肉體上可能容許的最高限度工作日限制的。顯然，在最高利潤率所受到的這兩個限界間可能有許多變化。利潤率的實際水平只能通過資本與勞動間不斷的鬥爭來確定：資本家經常力圖把工資減低到它那肉體上可能容許的最低限度，把工作日延長到它那肉體上可能容許的最高限度，而工人則經常在相反的方向上進行抵抗。

歸根到底，這就是鬥爭雙方力量的對比問題。

（二）至於講到限制工作日這一層，無論是在英國也好，或在其他各國也好，這種限界沒有立法上的干涉是從來也沒有確定過，而這種干涉沒有工人方面的經常壓力又是永遠也不會出現的。無論如何，限制工作日這層永遠也不能通過工人和資本家間的私人協商辦法達到。一種普遍政治行動的必要性本身證明出，在其純經濟的行動上，資本是比較強有力的一方。

至於講到勞動價值的限界，那末這種限界的實際確定總是依提供和需求為轉移。我所說的是資本方面需求勞動和工人方面提供勞動。在殖民地國家裏面，供求法則是有利於工人的。因此，美國那裏的工資水平是相當高的。在那裏，資本處於很困難的地位；它不能制止勞動市場經常因僱傭工人經常轉化為獨立自耕農而陷於空虛的情形。對於很大一部分美國人民說來，作僱傭工人僅僅是一種過渡狀態，他們希望遲早總能脫離這種狀態[1]。為了糾正殖

[1] 參閱資本論第一卷，第二十五篇，第二五三號脚註：『這裏論及的是眞正的殖民地，是自由移民開拓的處女地。在經濟意義上說，合衆國仍然是歐洲的殖民地。並且，由奴隸制度廢止而把一切關係根本改變過來了的那些舊殖民區，也包括在內。』自從殖民地中的土地到處都被佔為私有的時候起，僱傭工人轉化為獨立生產者已是不可能的了。——編者註。

民地方面的這種情況，父母爲懷的不列顚政府不久前就開始奉行一種所謂近世殖民學說，其內容是對於殖民地的土地規定一種人爲的高價，藉以阻止僱傭工人過分迅速轉化爲獨立農民。

現在我們來談談資本支配全部生產過程的那些老文明國家。例如拿英國農業工人工資在一八四九年至一八五九年時期中提高的情形來說吧。由於這種提高而發生的後果怎樣呢？農場主沒能——如我們的朋友威斯頓所能奉告他們的那樣——提高小麥的價值；他們甚至沒能提高小麥的市場價格。相反，他們不得不聽任這種市場價格降低下去。 但在這十一年中，他們採用了各種機器，掌握了各種更合於科學的方法，把一部分耕地變成了牧場，增加了農場的面積，因而也就擴大了農場的規模，並且在利用這些以及其他各種措施提高勞動生產力而減少了對勞動的需求後，又使得農村人口相對過剩起來了。資本在各個早已住有居民的古老國家內用以或快或慢地對付工資提高情形的方法，一般都是如此。 李嘉圖曾正確地說過，機器經常跟勞動相競爭，並且往往只有在勞動價格已達到某種高度的條件下才可被採用；然而採用機器不過是增加勞動生產力的許多方法之一罷了。同一發展過程，一方面既使簡單勞動成爲相對過剩，另一方面又使熟練勞動簡單化，因而使其價值減低下去。

這同一法則還可能在另一種形式中實現。隨着勞動生產力的發展，卽令存在有相當高的工資水平，資本的積累總是愈益加速起來的。由此，人們可以作出結論說，——正如生活在近代工業還處於幼稚狀態時的亞當•斯密所作過的那樣，——資本這樣加速的積累應當使情況有利於工人，因爲這種積累使對於工人勞動的需求額日益增長起來。現代許多著作家既贊同這一觀點，於是他們目覩最近二十年來英國資本增加比英國人口增加迅速得多，而工資却沒有如此大量提高，就表示詫異。但是隨着資本積累的進展，同時也就發生着資本的構成中遞加性的變更。資本中由不變資本卽由機器、原料和各種生產資料等所構成的這一部分，較之資本中耗費在支付工資或購買勞動上的那一部分，總是遞加式地增多起來。這一法則已由巴爾頓、李嘉圖、西思蒙第、瓊斯教授、拉姆塞教授、舍爾布列及其他等人多少確切地判明過了。

如果資本中這兩個構成部分的原來的比例是一比一，那末它在工業繼續發展下去的時候就將成爲五比一等等了。如果全部資本爲六百，其中三百是用在工具和原料等等上，其餘三百是用在工資上，那末要造成對六百工人而不是三百工人的需求，就需要使這全部資本增加一倍了。但是如果資本總額爲六百，其中五百是用在機器和原料等等上，只有一百是用在工資上，那末要造成對六百工人而不是三百工人的需求，這同一資本就要從六百增至三千六百。所以由於工業的發展，對勞動的需求總是趕不上資本的積累。不錯，這一需求是增加着的，但它是在和全部資本的增加比較起來日益遞減着的比例上增加的。

上面這些爲數不多的解釋，就足以表明，現代工業的發展本身必定會使情況愈加有利於資本家而有害於工人，所以資本主義生產的一般趨勢不是使工資的平均水平提高，而是使它降低，也就是說，在或大或小的程度上使勞動的價值低降到它的最低限度。但是，既然現代制度下的實際情況有着這種趨勢，那末，這是不是說，工人階級應當放棄對資本的掠奪行爲進行鬥爭，應當停止企圖利用偶然的有利機會來暫時改善自己的狀況呢？如果工人這樣作，那他們就會淪爲一羣聽天由命的墮落窮人，再沒有什麽救路了。我相信我已說明：工人爲工資水平進行的鬥爭，是與整個僱傭勞動制有密切的聯繫；工人爲提高工資的努力，在一百回中有九十九回都只是力求維持勞動的現有價值；工人必須爲勞動價格去與資本家作鬥爭，是根源於工人所處的那種迫使他們不得不把自己當作商品出賣的境況。如果工人在和資本的日常衝突中表示畏縮讓步，他們一定會喪失開展任何較大規模運動的能力。

同時，甚至就把工人所受的那種和僱傭勞動制度相連的一般束縛完全撇開不談，工人階級也不應誇大這一日常鬥爭的終極結果。它不應當忘記：它在這種日常鬥爭中祇是反對着後果，而不是反對着產生這種後果的原因；它不過是阻撓着這種惡化其生活狀况的趨勢，而不是改變這一趨勢的方向；它只是在採用止痛劑，而不是在剷除病根。所以它不應單祇局限於這些必不可免的游擊搏鬥，這些搏鬥是經常要由資本永無休止進行的侵掠舉動或由市場上的各種變動所引起的。他們應當懂得：現代制度不管它隨身帶來怎樣厲害的貧困，同時總是造成爲對社會進行經濟改造所必需的種種物質條件和社會形式。工人們應當排斥所謂『公道的工作日獲得公道的工資』這句保守性的格言，而要在自己的旗幟上寫上革命的口號：『消滅僱傭勞動制度！』

我因爲要闡明基本問題而不得不作了這樣一個冗長和恐怕是令人感到厭倦的說明，現在我就提出如下一個決議案來結束我的報告：

（一）工資水平的普遍提高，引起一般利潤率的降低，但它整個說來並不影響到商品的價格。

（二）資本主義生產的一般趨勢不是引起工資平均水平的提高，而是引起這個水平的降低。

（三）工聯會作爲抵抗資本貪慾的中心組織，行動得頗有成效。在許多場合，它們由於不正確地使用自己的力量，往往遭到挫折。然而一般說來，它們總是沒有打準目標，因爲它們只限於進行游擊鬥爭反對現存制度所產生的後果，沒有同時力求改變這個制度，並運用自己有組織的力量作爲槓桿來最終解放工人階級，即最終消滅僱傭勞動制度。

卡•馬克思於一八六五年六月二十日和二十七日在國際工人協會總委員會會議上作的報告。於一八九八年初次在倫敦印成單行本出版。

按照手稿刊印。原本係英文。